당신의 미래를 응원합니다!

서 봉 석

직업의 미래

직업의 미래

대한민국 최고 미래학자가 전망한 일자리 지형도

카이스트
01
미래수업

서용석
지음

THE FUTURE OF
JOB

와이즈맵

이광형

카이스트 교수

서용석 교수의《직업의 미래》는 단순한 미래 예측서가 아니다. 이 책은 우리가 직면한 거대한 변화의 물결을 진단하고, 그안에서 새로운 가능성과 희망의 길을 열어주는 미래 전략의 청사진이다. 우리는 기술의 폭발적 진보와 기후위기의 경고음, 인구구조의 거대한 전환 속에서 직업과 노동의 의미가 근본적으로 재정의되는 시대를 살고 있다. 격변의 시대에 직업의 소멸과 탄생을 꿰뚫는 저자의 예리한 통찰력은 미래를 준비하는 무기가 되어준다. AI와 자동화, 초고령 사회, 기후위기가 직업의 지형을 어떻게 뒤바꿀지, 이 책은 구체적 사례와 데이터로 그림을 제시한다. 미래의 유망 직업과 사라질 직업에 대한 생생한 정보도 담겨 있다. 우리는 이를 단순한 경고가 아니라 기회의 나침반으로 삼아야 한다.

진로 선택을 앞둔 중·고등학생부터 경력을 고민하는 사회초년생, 새로운 도약을 꿈꾸는 중장년층에 이르기까지, 직업이란 모든 세대가 고민하는 문제다. 각 세대가 미래 직업을 준비하기 위한 구체적이고 실용적인 로드맵이 여기에 있다. 감성지능, 회복탄력성, 창의성 같은 핵심 역량 개발과 리스킬링과 업스킬링, 평생학습 등의 전략은 실천해야 할 귀중한 조언이다. 이는 모든 세대의 개인뿐만 아니라 조직과 사회의 변화를 주도하고자 하는 리더들에게 미래를 선도할 지혜와 도구가 될 것이다.

미래는 그저 불확실한 존재가 아니라, 어떻게 준비하느냐에 따라 새롭게 열리는 기회의 장이다. 이 책은 직업의 종말이라는 불안한 전망보다 새롭게 떠오르는 가능성을 바라보며 우리에게 자신감을 불어넣어준다. 위기 속에서 희망을 말한다.

《직업의 미래》는 그저 읽고 끝나는 책이 아니다. 당신의 직업과 삶의 방향을 완전히 바꿀 힘을 가진 책이다. 지금 당신의 직업이 10년 후에도 존재할지 확신할 수 없다면, 이 책은 당신에게 필수다. 세상의 변화 속에서 자신만의 길을 찾고자 하는 모든 이들에게 강력히 추천한다.

짐 데이터

Jim Dator

인류는 현재 중대한 도전과 기회들에 직면했다. 난제들은 독립적인 동시에 상호 밀접하게 연결된다. 한국과 미국을 비롯해 전 세계의 많은 의사결정자가 이 사실을 부정하거나 오해해 모두에게 심각한 위험이 되고 있다. 서용석 교수는 이러한 문제들에 개별적이면서도 상호 연관된 방식으로, 또 역사적이면서도 미래지향적인 관점으로 접근한다. 그는 그저 인류의 운명을 비관하는 것에 그치지 않고, 문제를 해결할 구체적이면서도 실질적인 강력한 방법을 제안한다. 이 책《직업의 미래》는 탁월한 미래학자인 서용석 교수가 일과 직업이라는 넓고도 깊은 주제를 열린 시각으로 다룬 뛰어난 저작이다.

약 7만 년 전 호모 사피엔스 사피엔스가 태동한 이래(약 30만 년 전 호모 사피엔스의 진화 이후), 인류는 역사 대부분의 기간에 풍부한 자연 자원을 누렸다. 인구가 적었고 분포도 한정됐기에 자원을 얻어 생존하는 것은 때로는 재미있을 정도로 수월했다. 초기 인류에게는 "살기 위해 일한다"라곤 할 수 없었다. 오늘날 우리가 아는 일과 직업 형태는 문화와 역사의 변화를 거쳐 아주 최근에야 등장했다. 식물과 동물 그리고 사람을 길들이게 된 약 1만 년 전, 즉 '농업'이 시작되며 자리 잡은 것이다. 이후 일과 직업 개념은 중앙집권적인 제국의 발전과 함께 확산 및 정착되었고, 지난 수백 년간 산업화와 자본주의에 힘입어 극적으로 발전했다. "일하지 않는 자, 먹지도 말라"라는 신조가 강제로 도입되면서, 초기 인류가 누리던 비교적 여유롭고 풍요로운 삶은 끝이 났다. 교육, 종교, 엔터테인먼트와 정부 기관은 일의 필요성과 영광에 대한 신화를 완벽히 주입했고, 우리는 더 나은 삶의 방식이나 대안을 상상하기는커녕 심지어 두려워하게 됐다.

한편 우리가 여가와 풍요의 시대로 되돌아가는 과정에 있다고 강력히 주장하는 의견도 있다. 자동화되고 자율적이며 지능적인 AI 기술과 생명공학의 급속한 발전이 이루어지고 있기 때문이다. 신뢰할 수 있는 연구자들은 이러한 자동화된 AI 기술이 방대한 지식을 다양하게 활용하고 즉각적이고 성공적인 의사결정 능력을 키워가며 결국 인간을 대체할 것이라 말한다. 그런 미래가 오면 소수의 사람만 일하면 되므로 사회제도와 가치는 인간의 육체 및 정신 노동의 필요성에서 벗어나 여가, 창의성, 예술, 스포츠, 영적 활동을 통한 평화로운 경쟁과 협력에 초점을 맞춰야 한다는 것이다.

서용석 교수의《직업의 미래》는 이곳에서 저곳으로, 또 현재에서 미래로 전환하는 경로를 평화롭고 공정하면서도 유의미하게 제시한 걸작이다. 그러한 경로 없이는 성공적인 미래로 향할 수 없으며, 결국 '만인의 만인에 대한 투쟁'이 초래될 수 있다. 우리가 가는 길 앞에는 혼란과 갈등, 공포, 폭력이 점차 증가하고 있다. 저자는 이런 위험에서 벗어나기 위해 문화, 정치, 인구, 기술, 환경, 정신 그리고 경제적 도전과 기회를 모두 포용하는 훨씬 나은 길을 제시한다. 이 책의 독자들을 위해 마지막 한마디를 더한다.

"읽으라. 배우라. 뛰어들라. 겸손하게 행동하고 끝없이 배우라."
(Read. Learn. Engage. Humbly act and keep learning.)

짐 데이터 Jim Dator
세계적인 미래학자. '세계미래학회' 회장을 맡고 있다. 미국 하와이대학교 명예교수이며 미래전략센터 소장이다. 카이스트 미래전략대학원 겸임교수로 역임 중이다.

당신의 직업이 10년 후 존재하지 않는다면

우리는 새로운 사람을 만날 때 종종 '어떤 일을 하나'라고 물어본다. 직업이 무엇이냐는 의미다. 이처럼 우리는 '일'과 '직업'이란 단어를 혼용하고 있지만 엄격한 의미에서 일과 직업은 동의어가 아니다. 일에는 우리 일상생활의 모든 활동이 포함된다. 예를 들어 집안일, 학업, 각종 취미활동도 일이라고 할 수 있다. 반면 직업은 수입을 목적으로 하는 경제적 활동이다. 어떤 활동에 대한 금전적 대가가 주어지지 않는다면 이는 직업이라고 말할 수 없다.

이러한 측면에서 재화를 얻기 위해 하는 '일'이 곧 '노동'이다. 즉 노동이란 수입을 얻기 위한 일련의 육체적·정신적 활동이다. 한편 노동은 '여가'와 구분되는데 어떤 일이 노동인지 여가인지는 시대와 상황에 따라 다르다. 가령 수렵채집시대 사람에게 사냥은 노동이지만, 현대인에게는 여가다. 또한 무보수의 봉사활동을 노동이나 직업의 범주로 포함하지는 않는다.

이 책에서 다루고자 하는 '일'은 재화를 목적으로 하는 '노동'이며, 노동이 발현되는 '직업'의 세계에 대해 살펴볼 것이다. 이 시대를 살아가는 누구나 느끼겠지만 직업의 형태와 종류는 끊임없이 바뀌며 직업의 의미 또한 계속해서 변화한다. 현대의 직업관은 노동을 통해 재화를 얻는 것을 넘어, 개인적 성취나 자아실현의 의미도 포함한다. 그렇다면 우리는 '미래'에 어떠한 직업을 통해 재화를 획득하고, 개인적 성취와 자아를 실현할 수 있을까? 그 답이 우리가 현재 알고 있는 직업이나 노동과 유사할지, 아니면 새로운 형태일지를 탐색해보는 것은 흥미로운 여정일 것이다.

미래의 일과 직업을 탐색하기 위해 Part 1에서는 시대에 따라 일(노동)과 직업의 관점이 어떻게 변해왔으며, 변화의 주요 원인이 무엇이었는지를 살펴본다. Part 2에서는 급변하는 시대에 미래의 일과 직업의 지형을 바꿀 수 있는 구조적 동인을 확인하고, Part 3에서는 사라질 직업과 생겨날 직업, 또 미래의 유망 직업에 대해 조망한다. 마지막 Part 4에서는 새로운 일과 직업의 세계를 능동적으로 준비하기 위해 어떤 역량이 필요한지 살펴본다.

미래의 일과 직업은 단순히 먼 미래를 예측해보는 차원의 문제가 아니라, 우리의 경제사회 구조와 개인의 경력 경로를 재편하는 긴급한 현실이다. 이는 급속한 기술 발전과 기후위기, 인구구조 변화 등 다양한 영향에 의해 좌우되는 다면적 현상이다. 거대한 변화는 복잡하고, 우리가 기대할 수 있는 일과 직업의 본질을 근본적으로 뒤흔든다.

19세기 초반 노동자들은 방직기의 등장으로 일자리를 잃을 위험에 처했다. 이미 쓸모없어진 기술을 개발하는 데 평생을 바친 사람들을 재교육할 프로그램도 없었다. 그래서 많은 사람이 실제로 일자리를 잃고 생계의 어려움을 겪었다. 지금 우리가 갖고 있는 지식이나 스킬도 어느 한순간에 쓸모없어질 수 있다. 새로 배우기를 거부하고 변화에 둔감하면 우리의 직업도 언제 위태로워질지 모른다. 2023년 OECD 고용 전망 보고서에 따르면, 자동화로 인해 회원국 일자리의 약 27%가 사라질 위험에 처해 있다고 한다.[1] AI와 로봇이 빠른 속도로 직업 시장에 침투하고 있기 때문이다.

그러나 낙담하고 있을 게 아니다. 세상의 변화에 맞춰 새롭게 경쟁력을 갖춰야 한다. 직업의 역할이 재정의되고 산업이 재구조화됨에 따라 새로운 환경에 빠르게 적응할 수 있는 개인들이 직업 세계에서 생존할 것이다. 리스킬링Reskilling과 업스킬링Upskilling은 그 어느 때보다 중요해질 것이며, 평생학습은 선택이 아니라 필수가 될 것이다. 우리는 얼마든지 새로 배우고 적응하며 일을 통해 개인적 성취와 자아를 실현할 수 있다. 이 책이 미래 진로를 고민하는 청소년과 취업을 앞둔 사회초년생, 그리고 인생 이모작을 준비하는 중장년층에게 좋은 나침반이 될 수 있기를 기대한다.

2024년 겨울, 서용석

2040년 어느 중산층 가정의 아침

2040년 어느 10월 아침, 세 명의 가족이 아침식사를 하며 각자 오늘 할 일에 대해 설레는 구상을 하고 있다. 올해 만 50세를 맞이한 아버지는 20년간 다니던 직장을 정리하고 지난 2년에 걸쳐 새 직장을 준비했다. 지금은 인생 이모작의 문을 연 지 3년 차다. 직장생활 전반전이 생계 유지를 위한 일이었다면, 후반전은 아버지가 어릴 적부터 꿈꿔온 일이다. 바로 e스포츠 팀의 코치가 된 것이다. 온라인 게임이 스포츠로 발전한 형태인 e스포츠는 최근 프로팀까지 생겨날 정도로 발전했다. e스포츠는 VR 및 AR과 결합되어 현실 스포츠보다 훨씬 생생해 날이 갈수록 그 인기가 치솟고 있다. 현재 아버지는 국내 모 프로팀의 수석 코치로 일하면서 데이터에 기반해 경기를 분석하고 전략을 수립하는 일을 맡고 있다. 오늘은 아버지가 코치하는 팀의 4강전이 있는 날이다. 마찬가지로 게임에 관심이 많은 아들이 오늘 경기를 라이브로 보며 응원하기로 했다.

올해 47세인 어머니는 출산 이후 육아에 전념하기 위해 전업주부로 생활해왔으나 지금은 예전의 경력을 살려 새로운 일을 하고 있다. 과거에는 모 방송국의 다큐멘터리 제작부 전속작가로 일했는데, 지금은 프리랜서가 되어 주로 게임업체의 스토리보드 작가로 활동한다. 다양한 기술을 활용한 여러 종류의 콘텐츠 플랫폼이 난무하고 있지만 결국 스토리가 모든 것을 결정하는 추세다. 한때 유행했던 '경력 단절녀'라는 말이 무색하게, 지금은 '경력 보유녀'로서 어머니의 몸값이 하루가 다르게 오르고 있다. 생산인구가 급감하면서 창의성과 경력을 보유한 여성 인재들이 경제의 중추적 역할을 하고 있기 때문이다. 이제 번거로운 집안일은 모두 로봇에 맡겨두고 어머니는 창작에 전념한다.

스무 살 성인이 된 아들은 고등학교 시절부터 준비한 예술 치료사 일을 시작했다. 예술 치료사는 예술을 활용해 환자들의 정신적, 심리적 치료를 지원하는 직업이다. 예술 치료에는 미술, 음악, 무용 등 다양한 분야가 활용되고 있으나, 아들의 주요 치료 방법은 스토리텔링이다. 아들이 예술 치료사라는 직업을 선택한 이유는 '놀이'와 '일'을 동시에 추구할 수 있기 때문이다. 고등학생 때 재미로 시작한 활동이 직업으로 발전하면서 노동은 삶의 즐거움을 주는 놀이의 연장이 되었다. 아들은 유쾌한 입담 덕에 외로운 고령 환자들에게 특히 인기가 높다. 오늘 어르신께 들려드릴 이야기를 아버지와 어머니에게도 미리 들려줬는데 다른 날보다 반응이 좋다. 아들은 자신감을 얻은 채 출근을 준비한다.

또래의 많은 친구들도 개인적 성취와 자아실현을 넘어 재미있게 놀 수 있는 일을 하고 있다. 2040년의 대학은 더 이상 취업을 위한 등용문이 아니다. 대학은 학문 탐구를 원하는 이들의 진로일 뿐, 대다수는 각자 취향과 특성에 맞는 역량을 준비해 성인이 됨과 동시에 사회생활을 시작한다. 그리고 직업을 준비하고 선택함에 있어서 그들에게 가장 중요한 기준은 '놀이'와 '재미'이다.

차례

Part 1 일과 직업에 관한 짧은 역사

일이란 무엇인가

Part 2 일의 지형도를 뒤바꿀 3가지 구조적 요인

기술 진보_AI와 자동화의 물결

인구구조_고령화 시대의 장생 인류

기후위기_'끓는 지구'라는 재앙

기술패권 경쟁 시대의 한국

Part 3 미래 유망 산업과 직업

사라진, 그리고 사라질 직업

Part 4 미래 직업 준비하기

Part

일과 직업에 관한
짧은 역사

FUTURE OF JOB

일이란
무엇인가

우리는 일을 통해 즐거움과 보람을 얻고, 가치관이나 자아실현을 추구해야 한다는 말을 듣는다. 하지만 역사적으로 보면 '일'이 긍정적인 이미지로 비춰진 것은 매우 최근의 일이다. 문명이 시작된 이래 일은 줄곧 '고통'으로 여겨졌다. 일이 갖는 가치나 의미는 시대에 따라 거듭 바뀌어 왔으며, 문명이나 문화에 따라서도 그 의미가 다르다.

지금부터는 기술 진보에 따라 일과 직업의 세계가 어떻게 바뀌었는지, 또 동양과 서양은 노동을 어떻게 다르게 보는지를 연대기 순으로 살펴보려 한다. '미래 직업'을 전망하는 책에서 왜 역사냐며 의아해하는 독자들도 있을 것이다. 그렇지만 일의 의미가 다양화되고 있는 오늘날, 일의 역사적인 변화를 확인하는 것은 미래의 일과 직업의 형태를 가늠하는 데 좋은 출발점이 될 수 있다. 그러니 조금만 인내를 가지고 과거로 돌아가 보자. 그럼에도 미래 직업에 대한 정보를 한 시라도 빨리 알고 싶은 독자라면 이후 장부터 읽고 돌아와도 괜찮다.

동서양의 노동관은 어떻게 다를까?

서양: 신의 처벌에서부터 자본 축적의 수단까지

고대에서부터 이야기를 시작해 보자. 고대 그리스에서는 노동이 비인간적이고 천한 행위로 여겨졌다. 육체적 노동뿐만 아니라 지적 노동조차도 노예의 몫이었고, 자유시민은 노동에서 벗어나 사색과 여유를 누리는 것이 이상적이라고 보았다. 아리스토텔레스는 《정치학Politics》에서 시민은 노동에 종사하지 않아야만 사고의 자유를 유지할 수 있다고 주장했다. 로마 제국 역시 노동을 주로 노예에게 의존했다. 대규모 농장인 라티푼디움은 노예 노동을 통해 운영되었고, 도시와 군대, 공공시설을 유지하고 확장하는 것도 그들의 몫이었다. 노예의 노동이 제국의 경제, 사회를 지탱하는 핵심이었다.

시간이 더 흘러 중세 초기가 되었지만 여전히 노동의 이미지는 좋지 못했다. 노동은 '신의 처벌'로 여겨졌다. 아담과 이브의 원죄로 인한 고통의 일부가 노동이었고, 인간은 고된 노동을 통해 삶을 영위해야 했다. 그러나 이때도 중세 수도원은 노동을 생활 유지와 '신에 대한 봉사'로 재해석했다. 베네딕트 수도회는 자급자족의 생활을 실천하며 노동과 기도를 고귀한 행위로 여겼는데, 이 정신이 일반 사회로 확산되며 노동을 소명과 의무로 보는 인식을 만들어냈다. 노동은 가난한 자와 부유한 자 모두에게 필수적인 행위로 여겨졌으며, 물질적 이익보다는 신과 이웃을 위해 진심으로 행해져야 하는 것으로 간주되었다.

근대로 넘어가며 종교개혁이 일어났다. 개혁의 지도자인 루터와 칼뱅은 노동을 '신의 소명'으로 해석해 성실하게 일하는 것이 구원의 징표라고 주장했다. 이러한 종교적 윤리는 근대 자본주의 정신을 형성하는 데 기여했다. 사회학자 막스 베버Max Weber는《프로테스탄트 윤리와 자본주의 정신The Protestant Ethic and the Spirit of Capitalism》에서 종교적 금욕과 근면한 노동이 자본주의 발전의 토대가 되었다고 분석했다. 종교개혁

중세 수도원은 노동을 신에 대한 봉사로 여겼다.

출처_Alamy

이후 노동은 더 이상 고통이 아닌 '축복'으로 여겨졌고, 축적된 부는 신에 대한 봉사의 수단으로 인식되었다. 그러나 산업화와 함께 이러한 정신은 세속화되었다. 부는 자본주의 체제에서 효율성과 생산성을 극대화하는 수단으로 변화했다.

산업혁명은 대규모 생산과 자본 축적을 가능하게 하며, 노동의 성격을 근본적으로 변화시켰다. 많은 노동자가 공장과 광산의 열악한 환경에 처하게 되었고, 자본가들은 생산성을 극대화하기 위해 노동자를 착취했다. 칼 마르크스는 노동자가 자본가에 의해 소외되고 착취당한다고 비판하며, 노동을 인간의 본질을 실현하는 가장 '인간적인 활동'으로 보았다. 이러한 그의 사상은 잘 알려져 있듯 사회주의 운동의 이론적 기반이 되었으며, 여전히 현대 노동윤리에 중요한 영향을 미치고 있다.

동양: 공동체에 대한 책임과 내면의 성장

서양의 노동관을 보면 산업화 이전 대부분의 시기에 일의 의미를 '신'에게서 찾았다는 것을 알 수 있다. 그렇다면 동양은 어떨까? 동양에서는 일찍이 여러 사상이 꽃피워 노동을 바라보는 시선 또한 다양했다. 도가 사상은 무위(無爲, 아무 것도 하지 않음으로써 모든 것을 이룬다는 정신)를 통해 자연과 조화를 이루며 노동을 수행하는 것을 강조한다. 무위의 노동관은 지나친 개입을 피하고 자연스러운 흐름에 따르는 태도를 권장한다. 타인과 협력해 상황에 맞게 유연하게 행동하는 것을 중시하며, 노동을 단순한 노력의 결과로 보지 않고 환경과 조화를 이루는 '삶의 한 부분'으로 여긴다.

유가를 대표하는 공자는 노동과 직업 활동에서 예의와 사회적 책임을 강조했다. 공자는 각자의 사회적 역할을 성실히 수행하고, 자신의 직업을 통해 '사회에 기여'해야 한다고 주장했다. 개인의 이익보다 사회적 공익을 우선시하는 유가 사상에서는 모든 노동이 사회적 역할을 해야 한다고 보았다. 조화와 협력을 중시하는 유가의 노동관은 현대에도 사회적 책임과 관련해 영향을 주고 있다.

한편 불교는 노동을 내면의 평화와 '영적 깨달음'을 얻기 위한 수단으로 해석한다. 불교에서는 노동에서 발생하는 고통을 성찰과 성장의 기회로 삼으며, 물질적 이익보다 정신적 성장을 중시한다. 이러한 불교의 노동관은 현대사회에서도 자아성찰과 내면의 평화를 추구하는 태도에서 엿볼 수 있다.

노동을 바라보는 시선은 나라에 따라서도 조금씩 차이가 있었다. 여기서는 우리나라와 함께 가까운 일본을 살펴보자. 일본의 노동관은 가족과 '공동체에 대한 책임'을 중시하는 데 뿌리를 두고 있다. 에도시대에는 가업과 직분을 성실히 수행하는 것이 사회적 의무로 여겨졌으며, 전후 경제성장기에는 기업이 가족과 같은 공동체로 인식되며 종신고용제도가 자리 잡았다. 이런 정신은 후대에도 이어져 조직과 사회에 대한 충성심을 강조하는 일본 특유의 노동 문화로 발전했다.

한국의 전통적인 노동관은 '협동'과 '협력'을 중심으로 형성되었다. 품앗이와 두레는 이웃과 함께 농사를 짓고 어려움을 극복하는 공동체적 노동 방식이었다. 이러한 협력의 전통은 현대사회에서도 공동체 의식과 사회적 책임을 중시하는 노동윤리로 이어지고 있다. 사회적 연대와 협력을 강조하고, 노동을 통해 공동체에 기여하는 것은 여전히 중요한 가치다.

일의 의미는 어떻게 변화할까?

이처럼 서양과 동양의 노동관은 각기 다른 역사적, 철학적 배경에서 발전해왔다. 현대에는 노동이 단순한 생계 수단을 넘어 자아실현과 사회적 책임의 중요한 요소로 자리 잡고 있다. 기술 발전과 디지털 전환은 노동의 형태를 변화시키며 원격 근무와 유연한 근무 방식을 확산시켰다. 장소와 시간에 구애받지 않고 일할 수 있게 되며 자율성이 높아졌고, 그에 따라 '일과 삶의 균형'을 추구하는 태도도 확산됐다.

동시에 기술은 자동화와 정보 격차를 불러와 새로운 사회적 도전을 만들어내고 있다. 이미 자동화된 기계가 인간의 일자리를 빼앗아버린 경우가 너무나 많다. 이어질 장에서도 살펴보겠지만 AI와 로봇 등의 기술은 단순하고 반복적인 업무를 빠르게 대체하고 있다. 이제 인간은 기계를 '협업할 수 있는 도구'로 활용하며 더욱 복잡한 업무를 맡아야 한다. 이에 따라 기술 문해력과 디지털 접근성이 더욱 중요해졌는데, 안타깝게도 디지털 기술을 다루는 개개인의 역량은 점점 벌어져서 이것이 불평등을 심화시키고 있다.

앞으로의 노동관은 '기술 발전'을 중심으로 변화할 것이며, 인구구조나 기후환경 등의 거시적 환경도 일의 의미를 재구성할 것이다. 미래에는 개인과 사회, 일과 놀이가 조화를 이루는 새로운 노동 가치가 등장할 것으로 예상된다. 개인의 자아실현을 이루면서도 사회적 기여를 할 수 있고, 일 속에서도 놀이 요소를 발견해 재미와 성취감을 느끼는 일이 가능해질 것이다.

기술 진보에 따른 일과 직업

일반적으로 경제학자들은 노동을 '우리가 필요로 하고 원하는 것을 충족하기 위해 소비하는 시간과 노력'으로 정의한다. 그러나 이들 경제학자가 종종 간과하는 것이 '일'과 '여가'의 경계다. 우리는 일과 여가를 구분할 때 무언가를 하기 위해 돈을 받고 있는지, 아니면 그것을 하기 위해 돈을 지불하고 있는지를 기준으로 삼는다. 수렵채집시대의 사냥꾼에게 짐승을 사냥하는 것은 일(노동)이지만, 현대인에게는 값비싼 레저 활동이다. 상업적인 예술가에게 작품 활동은 노동이지만, 아마추어 예술가에게는 취미이자 즐거움이다. 이처럼 같은 활동도 시대와 관점에 따라 노동이 되기도, 그렇지 않기도 하다. 그러나 원시시대 사냥꾼에서부터 현대의 금융상품 거래자까지 모두가 동의하는 노동의 보편적 지점은 '목적을 달성하기 위해 의도적으로 시간과 노력을 소비'한다는 것이다.

그렇다면 우리는 왜 노동을 할까? 경제적 문제가 가장 먼저 떠오르겠지만 사실 '일'이라는 것은 먹고사는 것 그 이상의 문제다. 우리는 왜 우리의 조상들이 사냥하고 채집할 때보다 중요한 일을 할 여유가 없을까? 전례 없는 풍요의 시대에 우리는 왜 이렇게 결핍을 느낄까? 이러한 질문에 답하기 위해서는 전통적인 경제학의 영역을 넘어 거시적이고 문명사적인 관점에서 인류의 진화 과정을 관찰할 필요가 있다.

원시시대에서 정보사회까지, 기술이 만들어낸 사회변화

거시사적인 관점에서 인류와 일의 관계를 추적할 때 중요한 경로는 '기술의 진보'와 '생산방식 발전'에 따른 사회, 제도, 문명의 변화다. 초기 인류가 거친 석기를 사용하다가 이후 청동, 철, 증기, 전기를 다루며 기술을 발전시키는 동안, 문명 역시 농장, 도시, 공장, 국가 등 다양한 에너지를 필요로 하는 오늘날의 방대한 네트워크로 발전했다. 주변 세계에 대한 경험과 상호작용이 늘어나며 점진적으로 사회가 형성되어 갔다. 기술이 진보함에 따라 인류는 그에 걸맞은 사상과 제도를 발명해냈는데, 여기에 일과 직업이 포함됨은 물론이다. 인류의 역사를 되돌아보면 기술적 혁명, 특히 생산방식의 혁명이 한 시대를 규정하는 중요한 동인으로 작용했음을 알 수 있다. 인류는 지금까지 총 세 차례의 기술혁명을 경험했고, 현재 네 번째 기술혁명이라고 할 수 있는 '지능혁명'을 통과하고 있다. 말 그대로 '혁명'이라 부를 수 있는 인류의 사건들을 지나는 동안 일에 대한 인식이 어떻게 변화했는지 살펴보자.

원시 수렵채집사회는 오랫동안 생존 투쟁과 기아로 상징되었으나, 최근 연구는 이들이 의외로 풍족하고 여유로운 삶을 살았음을 보여준다. 이들은 하루 몇 시간의 노동으로 충분한 식량을 확보했고, 나머지

시간은 여가와 사회적 관계에 사용했다. 재산 축적에 관심이 없었으며, 평등한 사회구조를 유지했다. 이동이 잦은 유목생활에 맞게 도구는 가벼운 재료로 제작되었다. 인류의 생활 방식을 근본적으로 변화시킨 '불'을 발견하면서는 음식을 조리하게 됐고 그 덕에 영양소를 흡수해 뇌 발달이 촉진되었다. 식사와 소화 시간이 단축되어 늘어난 여가 시간은 공동체와의 유대 강화와 언어 발달에 사용되었다. 감정적 소통 능력이 향상되며 복잡한 협력과 의사소통도 가능해졌다.

그러던 중 첫 번째 혁명인 '농업혁명'이 일어났다. 지금으로부터 약 1만 2000년 전이다. 농업혁명은 인류의 생활과 사회구조를 근본적으로 변화시켰다. 우선 농업은 인류가 정착생활을 하게 만들었고, 인구를 증가시켰다. 하지만 초기 농부들은 수렵채집인과 다르게 많은 노동에 시달렸다. 기후변화, 병충해, 자연재해 등으로 식량 부족이 빈번했기 때문이다. 이후 농업 기술이 발달하며 잉여 생산물이 생기자 '도시'가 형성되었다. 도시는 다양한 일과 기술의 탄생을 촉진했고, 사람들은 비로소 직업을 통해 정체성을 갖게 되었다. 도시 안에서는 직업과 역할이 개인의 지위를 결정하는 중요한 요소였다. 고대 도시에서는 군주와 관료, 상인, 예술가 등 다양한 전문직이 생겨났으며 이들이 사회적 계층을 형성하는 데 기여했다. 이후로도 도시의 발전에 따라 인프라와 기술에 대한 수요가 늘어났는데, 이는 공학, 건축, 행정 같은 새로운 직업군을 만들어냈다.

방적기와 증기기관으로 대표되는 두 번째 기술혁명인 '산업혁명'은 18세기 영국에서 시작되었다. 농업에서 공업 중심으로 경제가 전환되었으며, 경제적 성장을 바탕으로 도시화와 대규모 인구 이동이 급격히 진행되었다. 농촌 인구는 공장과 광산으로 이동했지만, 초기 산업의 노동환경은 열악했다. 반복적인 고된 노동이 만연했고, 많은 노동자가 질병에 시달렸다. 아동까지도 노동에 동원됐다. 테일러리즘⁺과 포디즘⁺⁺은 생산 효율을 극대화했지만, 노동자의 창의성과 만족감을 저하시켰다. 이러한 시스템에 대한 불만은 주 40시간 근무제 도입을 촉진시켰으며, 이후 노동자들의 생활수준이 향상되기 시작했다. 또한 산업혁명으로 대량생산이 이루어지고 소비문화가 발전하자 중산층이 형성되었으

노동환경이 열악했던 초기 산업사회

+ 효율성과 생산성을 극대화하는 과학적 관리법으로, 20세기 초 미국의 프레더릭 윈즐로 테일러가 고안한 경영 이론.
++ 헨리 포드가 창안한 대량생산 체제로, 컨베이어 벨트를 사용해 표준화된 제품을 생산하는 방식.

며 사람들은 소득의 일부를 사치품에 사용할 수 있게 되었다.

20세기 중반부터는 컴퓨터와 인터넷의 등장으로 '정보사회'가 도래했다. 정보기술은 업무 방식을 변화시키고, 원격 근무와 프로젝트 기반 노동, 글로벌 협업을 확산시켰다. 정보사회에서는 더 유연한 근무 방식과 다양한 경력 경로가 생겨나며 사람들이 자유롭게 일하는 것을 선호하게 되었다. 또한 지식과 정보 활용 능력이 무엇보다 중요해졌는데, 그런 만큼 끊임없이 새로운 기술을 학습해야 하는 요구도 커졌다. 한편 정보기술의 발달로 데이터 과학자, 소프트웨어 개발자, 사이버 보안 전문가 같은 새로운 직업군이 등장했으며, 디지털 마케팅과 전자상거래가 경제를 재편했다. 그러나 기술 발전은 자동화와 정보 격차를 초래해 새로운 사회적 도전을 가져왔다. 일자리 감소에 따른 직업 불안과 불평등 문제는 지속 가능한 경제를 위해 해결해야 할 과제로 떠올랐다.

기술혁명에 따른 일과 직업의 변화

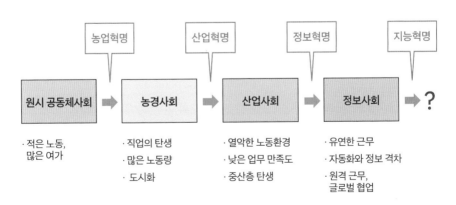

네 번째 기술혁명을 통과하며

인류는 수렵채집사회에서 농업, 산업, 정보사회로 발전하며 끊임없이 노동과 생활 방식을 변화시켜 왔다. 각 시대는 새로운 직업과 기술을 창출하며, 일과 정체성의 의미 또한 바꿨다. 도시화 이후 직업이 생겨난 이래 줄곧 직업은 개인의 '정체성' 형성에 중요한 역할을 했다. 사람들은 자신의 직업을 통해 사회적 지위를 확립하고, 동료들과 관계를 유지한다. 현대사회에서도 직업은 여전히 중요한 '자아 형성'의 요소로 많은 사람이 직업을 통해 자신을 정의한다.

우리는 지금 정보사회에 살며 네 번째 기술혁명인 '지능혁명'을 경험하고 있다. AI를 중심으로 펼쳐지는 혁명적 변화에 대해서는 다음 장에서 자세히 살펴볼 예정이다. 중요한 것은 각 시대는 새로운 도전과 기회를 제공한다는 것이다. 정보사회에서는 기술과 데이터가 주요 자원인 만큼 사람들은 지속적으로 새로운 기술을 습득해야 할 필요가 커졌다. 빠르게 습득한 지식과 기술은 정보사회의 경쟁력이 되어 직업 세계에서도 '기회'를 잡게 해준다. 반면 기계에 의한 자동화와 정보 격차로 인한 불평등은 우리 시대의 '도전과제'다. 원시시대부터 내려온 인류의 가치인 협력과 연대가 여전히 중요한 이유다.

앞으로의 사회는 빠른 기술 발전에 맞춰 유연하게 변화해야 한다. 기술 발전이 불평등을 심화시키지 않도록, 지속 가능한 발전을 추구할 수 있도록, 그래서 모두가 공정하게 발전의 혜택을 누릴 수 있도록, 협력과 연대가 필요할 것이다. 이는 개개인은 물론 포괄적인 정책과 교육,

시스템을 만드는 사회 전체의 노력이 필요한 일이다. 미래의 직업 세계는 이러한 요구에 맞춰 변화할 것이다. 새로운 사회에서는 다양한 경로를 통해 직업적 정체성을 형성할 수 있고, 개인의 삶과 일의 균형을 유지할 수 있으며, 유연한 노동과 지속 가능한 발전을 추구할 것이다. 이처럼 일과 직업을 둘러싼 변화는 미래 사회의 발전 방향을 결정짓는 중요한 요소가 될 것이다.

Part

2

일의 지형도를 뒤바꿀
3가지 구조적 요인

FUTURE OF JOB

기술 진보
_AI와 자동화의 물결

언제부터인가 우리는 인간의 일자리가 기계에 의해 대체되지 않을까 걱정하고 있다. 알파고 때만 해도 의심스럽던 눈초리가 챗GPT 등장 이후 확실한 위협으로 바뀌었다. 인류 역사를 돌이켜보면 사회변화가 이루어질 때마다 새로운 일과 직업들이 등장해 기존의 일과 직업을 대체해왔다. 농업혁명 이후 산업혁명과 정보혁명을 경험한 인류는 이제 제4차 기술혁명이라고 할 수 있는 '지능혁명'을 마주하고 있다. 이번 혁명 또한 우리가 알고 있던 일과 직업을 대체할 것이며, 새로운 일과 직업을 만들어낼 것이다. 그러나 기술 진보만 일의 형태를 바꾸는 것이 아니다. 언뜻 직업과 직접적인 관련이 없어 보이는 기후위기와 인구구조도 사회변화의 중요한 구조적 동인이다. 이 거대한 파도는 향후 우리가 살아갈 미래를 크게 바꾸며 많은 일과 직업을 만들어낼 전망이다. 지금부터는 기술 진보, 인구구조, 기후변화라는 세 축을 통해 미래 사회와 직업 세계가 어떻게 바뀔지 알아보려 한다.

앞선 역사에서도 살펴봤지만 거시적 맥락에서 인류는 지금까지 총세 차례의 기술혁명을 경험했다. 그 첫 번째가 농업혁명이었다. 농업 '기술' 발전 덕에 인류는 원시수렵사회에서 농업사회로 진입했다. 원시시대 기술이라고 만만하게 볼 것이 아닌 게 이는 말 그대로 '혁명'이었다. 미국의 노벨경제학상 수상자인 더글러스 노스_{Douglas North}는 농업혁명을 산업혁명에 버금가는 기술혁명이자 경제혁명이라 주장하기도 했다. 두 번째 기술혁명은 잘 알고 있듯이 증기기관과 기계 발전에 의한 산업혁명이고, 세 번째 기술혁명이 컴퓨터와 인터넷 통신 기술 발전에 따른 정보혁명이다. 이는 모두 과거의 사건으로 이제는 누구나 아는 상식이 되었다. 그렇다면 '현재' 우리가 경험하고 있는 기술 발전은 어떻게 정의할 수 있을까?

많은 사람이 언급하는 바와 같이 제4차 기술혁명은 '지능혁명'이라고 명명할 수 있다. 여기서 말하는 지능혁명이란 인간이 창조해낸 '인공지능(AI, Artificial Intelligence)' 기술의 발전뿐만 아니라 인간의 뇌, 즉 '인간지능'의 진화도 포함된다. 최근 뇌과학, 신경과학, 인지과학, 컴퓨터 과학 분야의 발전은 인간 뇌의 작동원리에 대한 이해를 넓혀가고 있다. '인간의 의식은 왜 생겨나는가', '기억은 어떻게 저장되며 꿈은 왜 꾸는가' 등의 질문에 대한 해답을 찾기 위해 많은 노력이 이루어지고 있다. 한 발 나아가 인간의 뇌에 해당하는 자연지능과 인공지능 간의 연계도 시도되고 있다. 결국 지능혁명이란 인공지능과 인간의 자연지능이 '공진화供進化'하며 서로 소통, 교류, 공존하는 것이다. 두 지능의 연결은 우리가 이제껏 한 번도 경험해보지 못한 혁명적 변화를 불러올 것이며, 이런 혁명이 일자리의 지형도를 뒤흔들 것은 너무나 자명하다.

자동화와 무인화를 넘어 지능화 시대로

그 일, 내일부터 기계가 합니다!

공장과 사무실의 자동화·무인화는 우리에게 더 이상 낯선 풍경이 아니다. 사실 기계가 인간의 일자리를 빼앗을 것이라는 불안감은 아주 오래된 미래상이다. 19세기 초반 영국에서는 기계화로 일자리를 잃은 사람들이 직물공장에 들어가 기계를 부수는 '러다이트Luddite 운동'을 일으켰다. 산업혁명으로 일터에서 쫓겨난 노동자들이 공장 기계를 파괴함으로써 기계화에 저항한 사건이다. 하지만 이러한 저항에도 불구하고 기계는 지속적으로 진보했고, 인간과 가축의 노동력을 대체해 나갔다. 20세기 초 영국에는 운송과 노동에 쓰이던 말이 약 325만 마리가 있었으나 곧 다른 기술로 대체되었다. 처음에는 증기기관, 이후에는 내연기관이 등장했고 온갖 기계와 트랙터, 자동차, 트럭의 보급으로 말들의 일이 사라졌다.

지금 우리의 현실은 100년 전의 말과 매우 흡사한 처지이거나, 더

안 좋은 상황일지도 모른다. 오늘날 대부분의 공장 노동자가 기계로 대체되었고, 디지털 기술에 힘입은 소프트웨어가 더욱 다양한 분야에서 인간이 하던 일들을 대체하고 있다. 그 선두에는 인간의 지능을 닮아가는 AI의 전방위적인 활약이 자리 잡고 있다. AI는 이미 우리의 직장, 가정, 일상의 여러 측면에 깊숙이 침투해 있으며, 그 활용 범위도 점점 넓어지고 있다. 기업은 이러한 기술을 산업 분야와 조직 운용에 적용해 수익을 극대화하고 있으나, 한편으로 대중은 언제 기계에 의해 일자리를 빼앗길지 모른다는 불안감을 안고 살아가고 있다.

중요한 것은 기계화의 속도와 범위가 지난 세기와는 비교할 수 없을 정도로 빨라지고 넓어지고 있다는 것이다. 기술의 발전, 특히 AI의 발전은 지금까지 인간이 해왔던 일들을 급속히 대체하는 중이다. 지금도 빠르고 똑똑하고 저렴하기까지 한 다양한 스마트 기기와 소프트웨어가 인간의 영역으로만 여겨졌던 여러 능력을 제공하고 있다. 기계가 공장을 뛰쳐나와 마케팅과 영업을 하고 콜센터 전화도 받는다. 공장 자동화에 이어 서비스업까지 기계로 대체되고 있는 것이다. 심지어 고도의 전문인의 손길이 필요했던 진단과 수술, 회계나 법률 서비스 영역도 AI에 의해 빠르게 잠식되고 있다. 이것은 곧 가까운 미래에 화이트칼라 직업이 없어질 수도 있다는 것을 의미한다.

"그 일, 내일부터 기계가 합니다!"

어느 날 우리는 갑자기 고용주로부터 이와 같은 이야기를 들을지도 모른다.

AI와 새로운 컴퓨팅

그렇다면 무시무시한 속도로 우리의 일자리를 잠식하고 있다는 AI에 대해 더 알아야 하지 않을까? 그럼 AI가 끝까지 해낼 수 없는 영역을 찾을 수 있지는 않을까? 우리에게 막연한 두려움을 주는 이 AI란 존재에 대해, 지금 시대를 살아가는 누구나 조금은 알아둬야 할 필요가 있다. 그래서 일과 직업의 미래를 다루는 이 책에서 다소 기술적이지만 꼭 필요한 이야기를 해보려 한다.

오늘날의 AI는 1980년대 후반에 개념이 제안된 '뉴로모픽 컴퓨팅 Neuromorphic Computing'을 중심으로 활발한 연구가 진행되고 있다. 특히 인간의 뇌 구조를 모방해 만든 뉴로모픽 반도체가 주목받고 있는데, 최근 미래 먹거리로 자주 거론되는 AI 반도체 관련 뉴스에서 이 단어를 들어본 사람도 있을 것이다. 뉴로모픽 반도체란 인간의 생체신호 전달체계를 모방해 인간의 사고과정과 유사하게 정보를 처리하는 반도체로, 이를 활용하면 복잡한 연산·학습·추론을 할 수 있다. 또한 기존의 CPU를 사용할 때보다 최대 1,000배 빠르고, 10,000배 더 효율적인 정보 처리를 지원하는 것으로 알려져 있다. 뉴로모픽 반도체가 AI 개발을 위한 차세대 하드웨어로 불리는 이유다. 앞으로 AI 반도체가 더욱 발전해 독립적인 지능형 제품의 구현이 쉬워지면 대부분의 사물에 AI 반도체가 탑재될 가능성도 있다.

그럼에도 불구하고 AI 반도체, 뉴로모픽 반도체를 포함한 '비트' 기반의 컴퓨팅은 속도 처리 면에서 태생적인 한계를 갖고 있다. 이러한 한계는 '양자비트'를 사용하는 새로운 개념의 컴퓨팅을 통해 극복이 가능할 것으로 기대되고 있다. 양자컴퓨터는 0과 1(이진법 기반)로 이루어진 기존의 컴퓨팅과 달리 수많은 상태를 가질 수 있는 양자의 특징을 이용해 대량의 데이터를 빠르게 계산한다. 양자컴퓨팅의 강력한 계산 능력은 금융 거래부터 기상이변, 우주 현상, 생체정보, 복잡한 사회현상 등 막대한 정보 입력이 필요한 분야에서 빛을 발할 것으로 예상된다.

빅데이터는 준비를 마쳤다

기존 컴퓨터든 양자컴퓨터든 분석을 위해서는 정보가 필요하다. 1993년까지만 하더라도 인류는 지식과 정보를 저장할 때 대부분 책이나 카세트테이프, 비디오테이프 같은 아날로그 방식에 의존했고, 디지털 방식의 저장은 매우 적었다. 이랬던 것이 2002년에 이르러 전세가 역전되기 시작했다. 디지털 방식의 저장이 전체의 50%를 차지하게 된 것이다. 그래서 디지털 기술 전문가들은 2002년을 디지털 시대의 원년으로 보기도 한다. 이후 디지털 방식의 정보 저장은 급격히 증가했다. 17년이 지난 2024년, 인류의 정보 저장 방식은 99% 이상 디지털 방식으로 추측된다. 오늘날 24시간 돌아가고 있는 CCTV나 온라인상에서의 모든 활동, 심지어 오프라인에서 발행되는 다양한 종류의 책이나 잡지, 논문 등도 디지털 방식으로 동시에 저장이 되고 있다는 것을 감안할 때, 현재 우리가 생산하는 모든 정보와 지식은 디지털 방식으로 저장된다고 해도 무방할 것이다. 그런데 세상의 모든 정보가 디지털 방식으로 저장된다는 것은 어떤 의미일까? 아날로그 방식으로 저장된 지식과 정보는 오직 인간만이 접근할 수 있었고, 또 판독할 수 있었다. 반면 디지털 방식으로 저장된 정보와 지식은 인간뿐만 아니라 지능형 기계도 접근해 관련 데이터를 이해하고 판독할 수가 있다. 다시 말해 인간이 생성한 거의 모든 정보와 지식을 기계가 머신러닝을 통해 학습하고, 이해하고, 판단하고, 결정할 수 있는 여건이 조성되었다는 뜻이다. 기계의 학습능력에는 제한이 없으며, 속도도 인간에 비할 수 없을 정도로 빠르다. 게다가 기계는 또 다른 지능형 기계와 빠르게 정보와 지식을 공유한다.

정보 및 지식 저장 방식의 변화.
2002년부터 디지털 방식이 아날로그 저장 방식을 추월하기 시작했다. ───

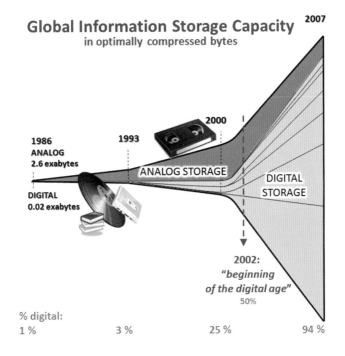

── 출처_ Hibert, M., & Lopez. P, 2011

또 하나 주목해야 할 점은 하이테크이건 로우테크이건 상관없이 정보를 습득하는 데 들어가는 비용이 계속해서 낮아지고 있다는 것이다. 아래 그림 중 왼쪽은 1979년도의 250MB 하드드라이브의 모습이다. 무게가 200킬로그램이 넘어 사람이 카트에 실어 운반해야 할 정도였다. 가격도 수천 달러에 달했다. 오른쪽 그림은 2020년 1TB의 저장 디바이스다. 손톱보다 작은 크기다. 왼쪽 디바이스보다 용량은 4,000배 큰데도 무게는 불과 1그램이고 가격도 수백 배 저렴해졌다. 집적도는 향상되고 가격은 내려가니 정보와 지식을 수집하고 저장하기가 훨씬 수월해졌다. 하드웨어도 보다 많은 데이터를 생성하고 저장할 수 있는 환경을 갖추고 있다는 의미다.

1979년 250MB 하드드라이브와 2020년 1TB 마이크로SD카드 ────────────

──────────────────────────── 출처_calliduspro(좌), tomshardware(우)

AI는 어디까지 해낼 수 있을까?

지능형 기계의 등장

저장 방식과 저장기기의 발전은 AI가 학습할 토대를 마련했다. 그러나 AI가 실제로 똑똑함을 증명하기 위해서는 거쳐야 할 테스트가 남아 있다. 1943년 최초의 현대적인 컴퓨터가 등장하자 사람들은 과연 기계가 생각을 할 수 있을까, 사람보다 똑똑해질 수 있을까에 대한 당혹스러운 질문들을 쏟아냈다. 그럼 이제 AI, 즉 '인공지능'이 정말로 지능이 있는 기계인지 확인을 할 차례다. 하지만 어떻게 알 수 있을까? 이에 영국의 수학자이자 암호 해독자인 앨런 튜링Alan Turing은 "중요한 것은 메커니즘이 아니라 지능의 발현"이라고 주장했다. 즉 기계의 지능을 측정할 수 있는 유일한 수단은 기계가 보이는 외부 반응이라는 것이다. 튜링은 기계가 인간과 구별할 수 없을 정도로 능숙하게 반응한다면 기계에 '지능형'이라는 라벨을 붙여야 한다고 제안했다. 한편 1956년 컴퓨터 과학자 존 매카시John McCarthy는 AI를 "인간의 지능이 필요한 작업을 수행할 수 있는 기계"라고 정의했다. 이 두 사람의 정의는 AI의 개념적 기반을 제공해 이후 연구에 많은 영향을 미쳤다. 기계의 지능을 정의하는 데 있어서 연구의 초점이 철학적, 인지적, 신경과학적 차원이 아닌 '수행(지능적으로 보이는 행동)'의 차원으로 이동한 것이다.

실질적으로 유용한 AI를 만들기 위한 초기 시도는, 규칙이나 사실을 수집해 인간의 전문 지식을 컴퓨터 시스템에 명시적으로 인코딩하는 방식으로 이루어졌다. 그러나 세상의 많은 부분이 복합적이어서 간단한 규칙과 상징으로 쉽게 축소되지는 않았다. 체스 게임이나 비즈니스 프로세스 자동화 같은 특정 영역에서는 AI가 큰 발전을 이루었지만, 언어 번역 및 시각적 객체 인식 등의 분야에서는 모호성이 발전을 중단시켰다. 결국 1980년대 후반부터 1990년대까지 이들 분야는 'AI 겨울'이라고 불리는 시기에 접어들게 됐다.

그런데 2000년대에 들어서면서 새로운 돌파구가 생겼다. 개발자들은 기계가 스스로 학습하기 위해 새로운 접근법이 필요하다는 것을 깨달았다. 즉 인간에게서 추출한 통찰력을 기계로 인코딩하려는 시도에서 학습 과정 자체를 기계에 위임하는 것으로 개념적인 변화가 일어났다. 실제로 가장 잘 작동한 방법은 인간 뇌의 구조에서 영감을 받은 '신경망'으로 대규모 데이터 세트에서 패턴을 추출하는 것이었다. 개발자

기계는 학습을 통해 고양이와 개를 구분할 수 있다. ───────

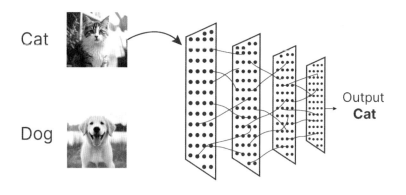

── 출처_Analytics Vidhya

들은 기계가 고양이 이미지를 식별하기 위해서는 다양한 맥락에서 고양이를 관찰함으로써 고양이의 시각적 표현 범위를 '학습'해야 한다는 것을 알았다. 기계학습을 가능케 하기 위해 중요한 것은 철학적이고 추상적인 것이 아니라, 어떤 사물의 다양한 표현들 사이의 중첩이었다.

이후 AI의 시각적 객체 인식 분야에서 상당한 진전이 뒤따랐다. 개발자들은 AI를 학습시켜 이미지 세트로부터 근사치를 나타낼 수 있는 기계를 개발했으며, 이는 전보다 훨씬 더 효과적으로 객체를 식별했다. 오늘날의 알고리즘은 결과의 품질을 측정하고 개선하기 위한 수단을 직접 지정하는 것이 아니라 기계가 학습할 수 있게 한다. 신경망은 이러한 AI 발전의 대부분을 주도하며 기계를 더욱 똑똑하게 만들고 있다.

인간을 뛰어넘는 AI

2017년 말 구글의 AI 연구 기업 '딥마인드'에 의해 개발된 AI 프로그램 알파제로Alpha Zero는 당시까지 세계에서 가장 강력한 체스 프로그램이었던 스톡피시Stockfish를 물리쳤다. 알파제로는 평범한 체스 프로그램이 아니었다. 이전의 체스 프로그램은 인간의 경험, 지식, 전략에 기초한 알고리즘에 의존했다. 이러한 초기 프로그램의 주요 이점은 독창성이 아니라 우수한 처리 능력으로, 한정된 기간에 훨씬 많은 옵션을 평가하는 데 있었다. 그러나 알파제로는 인간의 계획에 의해 사전에 프로그래밍된 움직임이나 조합, 전략이 전혀 없었다. 알파제로의 승리는 전적으로 AI 훈련의 산물이었다. 알파제로는 특정 게임에 대한 지침이나 데이터가 없는 백지상태로부터 시작한다. 게임의 각 단계에서 배운 체스 패턴을 기반으로 조각들의 정렬을 평가하고 승리로 이어질 가능성이 가장 높다고 결론지은 동작을 선택한다. 알파제로는 단 하나의 신경망을 상대로 끊임없이 업데이트하며 학습한 끝에 게임의 규칙을 스스로 파악할 수 있었고, 세계에서 가장 실력 있는 체스 프로그램이 될 수 있었다. 알파제로가 전개한 전술은 변칙적이고 독창적이었다. 중요한 것은 알파제로가 인간이 지시하지 않은 움직임을 실행했다는 데 있다.

게임을 이기는 것 말고 AI가 해낼 수 있는 유용한 일에는 무엇이 있을까? 2020년 초, MIT 연구원들은 새로운 항생물질 발견에 AI를 도입했다. 2,000개의 분자로 이루어진 훈련 세트를 개발하고 딥 신경망 모델을 훈련시켰다. 훈련 세트는 원자량에서부터 포함된 결합의 종류, 박테리아 성장을 억제하는 능력에 이르기까지 각각의 데이터를 코딩했으며, AI는 이를 '학습'했다. 흥미롭게도 AI는 구체적으로 인코딩되지 않

머신러닝으로 찾아낸 신약 '할리신' ──────────

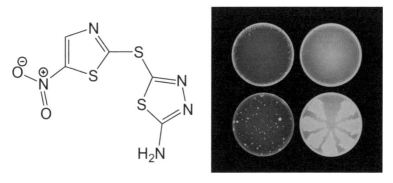

──────── 출처_Manganese(좌), MIT News(우)

은 속성들, 즉 인간의 개념이나 분류를 피한 속성들을 식별해냈다. 심지어 치료 불가능한 변종 박테리아를 포함한 광범위한 박테리아에 대응하는 새로운 항생물질인 할리신Halicin을 발견했다. AI가 항생제 신약 발견의 새로운 시대를 연 것이다. 바둑과 체스에서 인간을 이기는 걸 넘어 신약까지 개발하는 AI를 보며 우리가 일자리의 위협을 느끼는 것은 너무나 당연해 보인다. 그러나 인간은 곧이어 더 대단한 AI의 힘을 목격하게 되었다. 일자리 문제뿐 아니라 더 근본적인 인간의 정체성에까지 의문을 던지게 하는 AI가 등장한 것이다.

오픈AI와 GPT-4

미국의 AI 연구소 오픈AI는 인간처럼 텍스트를 생성할 수 있는 모델인 'GPT-3'라는 AI를 시연했다. '비지도 학습(Unsupervised Learning)'과 '생성형 사전학습(Generative pre-training)', '변환기(Transformer)'가 적용된 GPT-3는 번역과 대화는 물론 작문도 인간과 구별하기 어려울 정도로 정교히 해낸다. GPT-3는 부분적인 문구가 주어지면 완성적인 단락을 만들어낼 수 있다. 질문이 주어지면 즉시 답을 제공할 수 있으며, 주제와 일부 정보만 주어지면 에세이 초안도 작성할 수 있다. 체스를 두거나 항생제를 발견하는 것처럼 특정 작업을 하는 AI와 달리 GPT-3 같은 모델은 다양한 입력에 대해 다양한 반응을 생성한다.

알파제로의 승리, 할리신의 발견, GPT-3의 등장은 체스 전략을 구상하거나 신약을 발견하거나 새로운 텍스트를 생성하는 데 그치지 않는다. 이는 전에는 감지할 수 없었던, 잠재적으로 중요한 실체를 공개하는 첫 단계일 뿐이다. AI는 인간의 학습 과정이 필요로 하는 것보다 훨씬 짧은 시간 내에 전문 지식을 획득한다. 그 영향은 의학, 환경보호, 운송, 법 집행, 방어 등의 응용 분야로 급격히 확장되고 있다.

2023년 3월 출시된 오픈AI의 GPT-4는 인간의 뇌를 닮은 '초거대 AI'로 방대한 양의 데이터를 학습해 스스로 판단하고 추론할 수 있다. 현재 여러 글로벌 기업들이 GPT-4 같은 초거대 AI에 대한 연구와 개발에 막대한 투자와 노력을 기울이고 있다. AI 개발의 성과는 인간과 구별할 수 없는 텍스트 생산에만 그치지 않을 것이다. 현재 우리가 알고 있는 모든 산업에 혁명적인 변화를 가져올 것이며 인간의 역할, 열망, 성취에 대한 새로운 정의와 함께 인간 정체성에 대한 중대한 도전으로 다가올 것이다.

오픈AI의 GPT-4 공개 현장 ━━━━━━━━━━━━

━━━━━━━━━━━━━━━━━━━━━━━━━━━━━━ 출처_Open AI

초거대 생성형 AI와 비즈니스 대전환

생성형 AI와 거대 언어 모델

AI 기술의 발전과 컴퓨팅 파워의 증가는 '초거대' AI 모델 개발의 기반을 다졌다. 초거대 AI란 대규모 데이터를 학습해 종합적으로 처리·판단·추론 등을 할 수 있는 범용적 AI다. 마이크로소프트, 구글, 아마존 등 글로벌 빅테크 기업들이 초거대 AI 모델 개발에 거액의 투자를 진행했고, 그 결과 이를 활용한 다양한 서비스가 등장했다. 초거대 AI 서비스의 선두주자 오픈AI는 챗GPT와 DALL-E 등의 서비스를 공개했으며, 국내에서도 이러한 서비스를 위해 네이버의 하이퍼클로바, LG의 엑사원, 카카오브레인의 KoGPT 등의 초거대 AI가 공개된 바 있다.

초거대 AI를 구축하기 위해서는 대규모의 인프라와 컴퓨팅 자원이 필요하다. 필요한 자원에는 수천 개의 GPU(그래픽 처리 장치) 또는 TPU(텐서 처리 장치)가 장착된 대규모 데이터센터도 포함된다. 데이터센터에서 초거대 AI 모델을 훈련하고 실행하는 데 필수적인 광범위한 병렬 처리를 할 수 있기 때문이다. 그밖에 필요한 것으로 딥러닝 네트워크 등 고급 AI 모델을 훈련하기 위한 고성능 컴퓨팅 파워, AI 모델의 정확도와 성능을 향상시키기 위한 최첨단 알고리즘 및 아키텍처가 있다.

향후 자연어 처리, 컴퓨터 비전 등 AI 작업에 대한 수요는 지속적으로 증가할 것이며, 이에 따라 더 많은 컴퓨팅 파워와 저장소를 추가할 수 있도록 시스템의 확장성과 유연성이 요구될 것이다. 무엇보다도 초거대 AI를 운영하기 위해서는 엄청난 전력이 필요해 에너지 소비와 비용을 관리하기 위한 최적화 기술도 점점 더 중요해지고 있다.

요즘 일상에서도 익숙해지고 있는 '생성형 AI'는 기존 데이터에서 패턴과 구조를 학습해 텍스트, 이미지, 음악, 비디오 같은 새로운 콘텐츠를 생성할 수 있는 AI 시스템의 한 종류다. 입력한 데이터에 기초해 정보를 분류하거나 예측하도록 설계된 전통적인 AI 시스템과 달리, 생성형 AI 모델은 학습한 원본 데이터와 유사한 '새로운' 출력을 생성할 수 있다. 예를 들어 잘 알려진 챗GPT가 있다. GPT라는 약자에서 유추할 수 있듯이 챗GPT는 '생성형 사전학습 트랜스포머(Generative Pre-trained Transformer)'를 기반으로 하는 대화형 AI 서비스다. 챗GPT 언어 모델은 인간과 유사한 텍스트를 생성해 챗봇으로 활용될 수 있고, 콘텐츠를 생성하거나 언어를 번역하는 응용 프로그램으로도 쓰인다.

텍스트 외에도 활용도가 무궁무진하다. 오픈AI에서 출시한 DALL-E는 텍스트를 입력하거나 이미지 파일을 삽입하면 AI가 이미지를 생성해준다. 예술, 디자인 및 딥페이크 생성에 사용할 수 있는 현실적인 이미지도 만들 수 있어 사용자가 새로운 스타일이나 작품의 변형을 만들 때 유용하다. 또한 음악을 작곡하거나 현실적인 사운드 효과를 생성할 수도 있고, 비디오 콘텐츠와 사실적인 애니메이션을 만들어낼 수도 있다. 실제로 2024년, 오픈AI가 공개한 동영상 생성 AI '소라Sora'는 실사 영상과 차이를 거의 느낄 수 없을 만큼 정교해 많은 이들에게 충격을 주었다.

이러한 모든 기능을 가능하게 하는 핵심 기술이 '거대 언어 모델 (LLM, Large Language Model, 이하 LLM)'이다. 생성형 LLM은 일관성 있고 맥락에 맞는 텍스트를 생성하도록 특별히 설계된 AI 모델이다. 첨단 기계학습 기술과 방대한 양의 학습 데이터가 더해져 인간과 유사한 언어를 생성할 수 있다. 물론 학습 데이터의 양을 늘려 언어 모델의 규모가 커지면 대화가 더 자연스러워진다. 초거대 생성형 LLM을 활용한 오픈 AI의 챗GPT는 어떠한 텍스트 문장의 다음에 올 단어를 예측하기 위해 대규모 말뭉치를 학습한 모델이다. 대규모 말뭉치를 통해 대화에 쓰이는 언어의 구조와 패턴을 학습하고 사용자 입력이나 프롬프트Prompt(작업을 수행하기 위한 명령어)에 확률적으로 적절한 출력을 생성할 수 있다. 문장은 물론 단락, 기사도 작성할 수 있으며 이야기나 시처럼 창의적인 글도 쓸 수 있다. 텍스트를 이어서 쓰기, 질문에 답하기, 긴 텍스트를 요

이미지 생성 프로그램 DALL-E

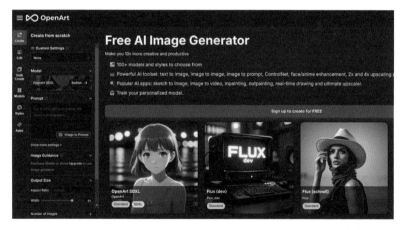

출처_Open AI

약하기, 번역하기 등 텍스트만 해도 다양한 작업을 수행한다. 이 중에서도 눈여겨 볼 부분은 번역 기능인데, 본래의 맥락과 의미를 유지하면서 텍스트를 여러 언어로 번역할 수 있다는 것은 커뮤니케이션 역사에 혁명적인 변화를 가져올 수 있기 때문이다.

현재는 다양한 확장팩이 등장해 그 응용 범위가 더 넓어지는 중이다. 예를 들어 생성형 LLM을 활용하면 고객 서비스 문의를 처리하거나 정보를 제공하거나, 가벼운 대화를 나눌 수 있다. 또한 소프트웨어 개발을 위한 코드 조각이라 할 수 있는 코드 스니펫Code Snipet도 생성할 수 있다. 앞으로는 생성형 LLM이 또 어떤 일을 해낼지 모른다. 생성형 AI의 발전은 이제 막 꽃피기 시작했고, 우리는 계속해서 놀라운 역사적 장면을 목격하고 있다.

산업의 판을 새로 짜는 AI

챗GPT의 충격이 채 가시기도 전, 불과 1년 만에 사람들은 기대를 뛰어넘는 AI의 성능에 다시 한 번 놀라고 말았다. 동영상 생성 AI인 '소라'의 등장 때문이었다. 고작 몇 문장을 입력했을 뿐인데, 소라는 도쿄의 화려한 밤거리를 걸어가는 여성의 영상을 만들어냈다. 영상 제작 경험이나 전문성 없이도 실사 영상과 구별하기 힘든 수준의 동영상을 만들 수 있는 시대가 된 것이다. 영상뿐 아니라 음악도, 프로그래밍도 유사한 상황이다. 이런 결과물을 마주치는 지경이 되자 일자리에 대한 사람들의 불안은 더욱 커졌다. 말할 것도 없이, 초거대 생성형 AI 모델은 비즈니스와 산업, 우리의 일과 직업 전반에 넓고 깊은 영향을 미칠 예정이다. 단순히 한 사람의 직업이 바뀌고 생겨나고 사라지는 차원이 아니다. 조직구조와 문화에 변혁이 일어나고, 비즈니스 모델과 도메인이 전환되며 운영 프로세스도 효율화될 날이 머지않았다.

골드만삭스의 보고서에 따르면, 초거대 생성형 AI 모델 등으로 대표되는 AI가 향후 3억 개의 일자리를 대체할 전망이라고 한다.[2] 여기에는 다양한 서비스 산업을 포함해 연구개발, 정보기술, 콘텐츠, 교육 및 컨설팅 등의 지식 산업도 해당된다. 과거 산업혁명은 1차산업과 2차산업 일자리를 감소시켰지만, 서비스 산업과 정보 산업의 성장으로 전체적으로는 충분한 일자리를 유지할 수 있었다. 현재 생성형 AI는 정보사회가 만들어낸 산업과 일자리를 대체하고 있다. 이러한 격변기에 과거처럼 새로운 산업과 직군, 일자리가 충분히 나타날 수 있을까? 물론 새로

오픈AI의 '소라'로 제작한 영상의 캡처 화면

출처_Open AI

운 산업과 직군이 등장할 가능성도 있으나, 전환기의 과도기적 충격은 적지 않을 것이다.

미국 산업분류 기준, AI에 의해 대체 가능한 직군 상위 14개

순위	직종 분류	대체위험 비율 (%)	산업
1	사무 및 행정지원	46	3차산업
2	법무	44	4차산업
3	아키텍처와 엔지니어링	37	4차산업
4	생명과학, 물리학 및 사회과학	36	4차산업
5	비즈니스 및 금융 운영	35	3차산업
6	사회공동체 서비스	33	3차산업
7	관리	32	3차산업
8	판매 및 관련 업종	31	3차산업
9	컴퓨터와 수학 관련	29	4차산업
10	농업, 수산업 및 임업	28	1차산업
11	보호 서비스	28	3차산업
12	헬스케어 실무 및 기술 직종	28	4차산업
13	교육 및 사서	27	4차산업
14	예술, 디자인, 엔터테인먼트, 스포츠 및 미디어	26	4차산업

자료출처_Goldman Sachs

가령 초거대 생성형 AI가 가장 먼저 직접적인 영향을 미칠 수 있는 산업이 '통번역' 분야다. 직접 써본 사람들은 실감하겠지만, 생성형 AI의 번역 성능은 탁월하다. 기존에 널리 사용되던 구글 번역기가 문장 단위로 번역했다면, 초거대 생성형 AI 모델 번역기는 문단 혹은 전체 글 단위로 번역한다. 그만큼 속도도 빠른데 번역의 질은 더 뛰어나다. 초거대 생성형 AI 모델에 의한 통번역 자동화는 관련 일자리를 완전히 대체하지는 않더라도 상당 부분 영향을 미칠 것이다.

언어와 관련성 높은 또 다른 직종 중 하나가 '법무 서비스'다. 오픈 AI는 GPT-4가 미국 변호사 시험 UBE(Uniform Bar Exam)에서 상위 10%의 성적을 거두었다고 공식 발표했다.[3] 이것은 GPT-4가 변호사 시험에 합격할 수 있음을 의미한다. 미국의 경우 판례법을 택하고 있어 초급 변호사는 판례 검색 업무를 주로 담당한다. 그 말은 곧 이들 초급 변호사 업무가 초거대 AI 모델로 충분히 대체 가능하다는 뜻이다.

초거대 AI 모델의 등장은 '로봇 산업'에도 중요한 변곡점이 될 것으로 보인다. AI가 접목되면 대중이 인식하는 로봇의 개념이 한 차원 확장되고 이에 맞춰 로봇 시장의 새로운 카테고리가 생겨날 것이다. 개인화된 AI가 정보기기를 넘어 가전제품, 의복, 기계설비, 차량, 건물 등에까지 적용될 전망이기 때문이다. 또한 AI는 로봇을 제어하는 프로그램 개발 효율도 크게 향상시킬 것으로 기대된다. 이미 챗GPT는 사용자 지시로 간단한 프로그래밍 코드를 작성하고, 코딩 오류를 잡아내는 디버깅을 수행한다. 로봇 기능을 제어하는 프로그램 작성에 챗GPT를 활용한다면 로봇이나 드론을 원하는 방식으로 조정하는 데 필요한 코딩 절차가 간단해진다. 전문가가 아니더라도 자신의 로봇, 드론 운용에 필요한 추가 기능을 쉽게 업데이트할 수 있을 것이다.

거듭 이야기하지만 초거대 AI 모델은 우리가 알고 있는 모든 산업과 직군에 큰 영향을 미치며 변화의 폭풍을 불러올 것이다. AI가 든든한 조수가 돼 당신이 하는 일을 도울 수도 있을 것이고 반대로 가혹하게 일자리를 빼앗아버릴 수도 있을 것이다. 중요한 것은 변화에 속수무책으로 당하지 않는 것이다. AI란 존재를 두려워하기 전에 제대로 이해하고 내 편으로 만들면 된다. 시시각각 발전하는 기계지능을 보며 당신의 미래를 상상하고, 준비하고, 지켜내길 바란다. 또한 기술 진보가 가져올 미래 유망 산업과 직업의 구체적 예시는 Part 3에서 다시 한 번 살펴보겠다.

FUTURE OF JOB

인구구조
_고령화 시대의 장생 인류

우리는 지금 미래의 직업 세계를 뒤바꿀 구조적 동인을 살펴보고 있다. 초거대 생성형 AI를 필두로 한 현재의 변화도 그렇고, '기술 진보'는 어느 시대에나 일과 직업에 많은 영향을 미쳐왔다. 지금부터 살펴볼 두 번째 동인인 '인구구조'도 그에 못지않게 미래 직업에 큰 변화를 불러올 전망이다. 우리는 많은 매체를 통해 고령화, 저출생, 인구위기 같은 말들을 일상적으로 듣는다. 하지만 그런 변화가 당장 나의 일과 직업에 어떤 변화를 가져올지, 어떤 직업이 생겨나고 사라질지 진지하게 고민해본 이는 별로 없을 것이다. 짐작하겠지만 한국의 인구 문제는 세계적으로도 주목받고 있는 사안이다. 본격적으로 우리나라의 인구위기를 논하기에 앞서 세계의 인구 트렌드는 어떤지, 또 현재에 이르기까지 인구

구조가 어떻게 변해왔는지를 잠시 살펴보려 한다.

나이 들어가는 세계

인구구조 변화의 4단계

양적인 측면에서 인류의 인구는 지속적으로 증가해왔다. 기원전 1만 년까지 100만 명에 불과했던 세계 인구는 서기 1000년경에 3억 명으로 증가했다. 그러던 것이 1800년경에 10억 명으로 늘어났고, 1900년에 16억 5,000만 명, 2000년에는 60억 명, 2023년에는 80억 명에 다다랐다. 그러나 꾸준히 늘어온 인구를 더 자세히 들여다보면 그 안의 구성에는 많은 변화가 있었다. 미국의 인구학자 워런 톰프슨Warren Thompson은 〈인구Population〉라는 그의 논문에서 인류의 인구구조 변화를 네 단계로 구분했다.

첫 번째 단계에서는 출생률과 사망률이 모두 높다. 두 비율 사이에는 일정한 균형이 유지되어 연평균 인구 증가율은 0.05%도 되지 않았다. 그래서 인구가 2배로 성장하는 데 무려 1000년의 시간이 걸렸다. 이러한 현상은 18세기 말까지 지구상의 모든 지역에 해당되었다.

두 번째 단계에서는 사망률이 감소하기 시작한다. 식량 공급과 공중 보건 향상에 따른 결과였다. 서유럽에서 먼저 시작된 사망률 감소 현상은 전 세계로 퍼져나갔다. 영아 사망률이 획기적으로 줄고 그 결과 급격한 인구 증가가 일어났다.

　세 번째 단계에서는 인류 역사상 처음으로 출생률이 내려갔다. 영아 사망률이 감소하자 부모들은 많은 아이를 가질 필요가 없다는 인식을 하게 됐다. 그 밖에도 도시화, 여성 문맹률 감소, 피임 기술의 발전 등이 출생률 저하에 중요한 역할을 했다.

　마지막 네 번째 단계는 다시 출생률과 사망률이 균형을 이룬다. 그러나 첫 번째 단계와는 달리 출생률과 사망률이 모두 낮다. 현재 우리나라와 일본, 서유럽 국가들이 이 네 번째 단계에 해당된다. 아직 인류 전체로 볼 때는 네 번째 단계에 도달하지 않았으나, UN에서 발간하는 인구 전망 보고서에 따르면 21세기 안에는 이 단계에 진입할 것으로 예상된다.

인구구조 변화의 4단계

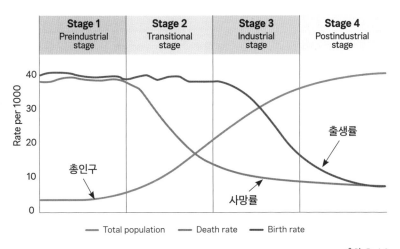

출처_Brainly

글로벌 저출생 현상

지난 십수 년째 우리나라는 초저출생 현상을 경험하고 있으나, 사실 서유럽은 이미 100년 전부터 저출생 문제에 직면했다. 저출생·인구 감소 문제가 처음으로 제기된 시기는 1920년대로 거슬러 올라가며, 제2차 세계대전 이전까지 서유럽 대부분의 국가가 이를 고민하고 있었다. 1930년에 출판된 워런 톰프슨의 《인구 문제Population Problem》에서 제기된 문제들을 보면 현재 우리나라가 고민하고 있는 바와 놀랍도록 유사함을 발견할 수 있다.

"현재의 출생률 추세로 볼 때 대부분의 서유럽에서 인구의 자연 증가는 없을 것이다. 50년 이내에 서유럽의 인구 증가는 멈출 것이다."

"소비층 인구가 감소해 시장이 축소될 것이다."

"인구가 빠르게 증가할 때 잘 작동하던 조직과 기능들이, 인구가 감소하면서 매우 비효율적으로 변할 것이다."

"20세 미만의 아동과 청소년 수는 감소할 것이며, 65세 이상의 고령층 인구가 증가할 것이다."

"사회적 활력이 감소되면서 사회는 보수화될 것이다."(Thompson, 1965)

1920년대 상황이라고는 믿기지 않을 정도로 현재의 우리나라와 닮아 있다. 그러나 감소만 할 것 같던 서유럽의 출생률은 제2차 세계대전 이후 베이비붐으로 인해 다시 인구 증가의 시기를 맞이했다. 서유럽뿐만 아니라 전 세계적으로도 대부분의 인구학자, 경제학자, 사회학자, 정책결정자가 인구 감소보다는 급격한 인구 증가가 가져올 문제들에 초점을 맞추게 되었다. 여기에는 폴 에를리히Paul Ehrlich의《인구폭탄The Population Bomb》과 로마클럽⁺의《성장의 한계The Limits to Growth》등의 경고가 많은 영향을 미쳤다. 1970년대 이후 UN과 많은 국가들이 집중적이고 포괄적인 가족계획을 실행했고, 성과를 거뒀다. 중국의 '한 자녀 정책'이나 우리나라의 '둘만 나아 잘 기르기' 운동이 대표적인 산아제한 사례라고 할 수 있다.

그러나 1990년대에 들어서면서 서유럽과 일본은 다시 저출생과 인구 감소 문제에 부딪혔다. 인구학자 피터 맥도널드Peter McDonald는 1990년대 약 30개 국가의 합계출산율(한 여성이 평생 동안 낳을 것으로 예상되는 평균 자녀 수)이 1.5명 아래라고 파악하면서, 서구 선진국이 다시 인구 감소의 시기에 접어들었다고 주장했다. 2019년 UN 세계인구전망은 전 세계 합계출산율을 2.3명 정도로 파악했다. 참고로 합계출산율이 2.1명을 유지할 경우 인구는 줄지도 늘지도 않는 균형 상태를 이룬다. 대다수 선진국의 합계출산율이 2.0명 미만을 기록하고 있으며, 최저개발국

+ 무분별한 개발로 인한 인류의 위기를 경고하고자 1972년에 설립된 비영리 연구기관.

의 합계출산율이 3.5명 정도다. 그런데 최저개발국가의 합계출산율은 1980년대 이후부터 급격히 하락해 전 세계 합계출산율 평균을 떨어뜨리고 있다. 이러한 추세가 향후에도 지속되어 2080년대가 되면 전 세계 합계출산율이 2.0명 정도에 수렴할 것으로 예측되고 있다. 즉 인구가 증가하지도 감소하지도 않는 '균형 상태'에 도달한다는 이야기다.

아시아권에서는 일본이 이미 2006년을 정점으로 인구가 감소하기 시작했다. 중국도 저출생 현상이 사회적 트렌드로 자리 잡으면서 인구 감소 시대를 맞이할 것으로 전망되고 있다. 중국은 과거 인구 증가를 억제하기 위해 한 자녀 정책을 엄격히 시행해왔으나, 2016년에 이를 포기했다. 중국의 합계출산율이 1980년대 후반 2.6명에서 2021년 1.15명까지 급감했기 때문이다. 이는 같은 시기 미국(1.6명)과 일본(1.3명)에 비해서도 낮은 수치다. 많은 인구학자들이 2021년 이후 중국 인구가 연평

전 세계 합계출산율 추이

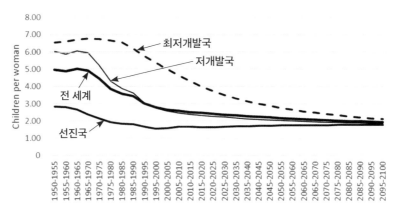

출처_United Nation, World Population Prospects (2019)

균 1.1% 감소해 2100년에는 현재의 절반도 안 되는 5억 8,700만 명까지 줄어들 것으로 예측하고 있다. 2023년에 중국을 제치고 세계에서 가장 인구가 많은 국가가 된 인도는 어떨까? 2020~2040년 인도의 연평균 인구 증가율은 0.7%로 예상되는데, 이는 세계 평균인 0.8%보다 낮은 수준이며 2000년의 절반에 불과하다. 감소는 아니지만 과거에 비해 증가 폭이 매우 작아진 것이다. 서유럽과 아시아, 최저개발국 모두 인구 감소와 저출생 문제를 겪고 있다. 이는 글로벌 트렌드다.

전 세계적 고령화 추세의 가속화

저출생과 함께 봐야 하는 인구 문제가 '고령화'다. 현재 고령인구 비율이 높은 곳은 일본(30%), 이탈리아(24%), 핀란드(23%) 같은 고소득 국가다. 우간다, 아프가니스탄 등 저소득 국가의 고령인구 비율은 전체 인구의 약 2%에 불과하다. 그러나 시간이 지남에 따라 거의 모든 국가에서 노년층 인구가 증가할 것으로 예상되며, 2050년경에는 유럽, 북미, 아시아 거주자 중 4분의 1이 65세 이상일 것으로 추산되고 있다.[4]

고령화는 노동 및 금융 시장, 주택과 교통 수요, 가족구조와 세대 간 유대를 포함해 사회의 모든 부문에 영향을 미칠 것이다. 고령인구의 증가는 노동인구 감소와 노동 시장의 변화를 초래하는 만큼, 일자리와 생산성에 지각변동을 줄 것으로 예상된다. 또한 소비자로서의 고령인구도 생각해야 한다. 고령자의 소비 패턴은 다른 연령층과 다를 것이고, 이들의 선호가 시장 구조에도 영향을 줄 수 있다. 예를 들어 의료 서비스, 노인을 위한 여가 활동, 은퇴 후의 여행에 대한 수요가 증가할 것을

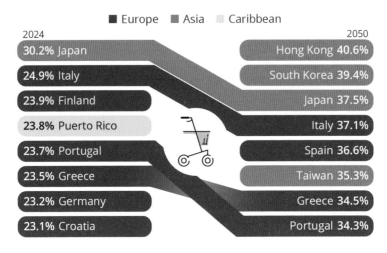

예상할 수 있다.

가족구조와 역할도 변화할 것이다. 고령화된 사회에서 가족 구성원은 노인의 돌봄을 담당하는 경우가 많아질 수 있다. 현실적으로 부모자식이 떨어져 살거나 돌봄을 외부에 의탁해야 하는 경우도 있을 텐데, 그런 만큼 돌봄과 관련한 일자리 수요도 대폭 늘어날 것으로 전망된다.

한국, 초저출생이라는 빨간불

필자는 2023년에 EBS에서 10부작으로 기획한 〈다큐멘터리 K: 인구대기획 초저출생〉에 출연한 바 있다. 당시 지역사회 곳곳의 현장을 다니며 인구 문제를 피부로 느끼고, 예정된 인구위기를 바꾸기 위해 우리가 할 수 있는 일을 모색했다. 일할 사람이 사라져버린 지방사회, 결혼과 출산, 양육비용을 우려하는 청년 세대, 한국의 저출생 실태에 경악한 해외의 반응까지. 다양한 시선으로 바라본 한국의 인구절벽 현상은 위기의 깊이를 실감하게 했다. 한국사회는 합계출산율 0.78명이라는 충격적인 청구서를 받아들었다. 시급한 대책이 필요하다는 사실에 공감이 모이고, 우려와 분노가 섞인 많은 이야기가 오간다.

현재 대한민국은 인구구조 변화라는 거대한 폭풍에 직면했다. 변화를 추동하는 주요 요인으로는 저출생, 고령화, 외국인구 유입이 지목되고 있다. 21세기에 접어들면서 우리나라는 OECD 최저 수준의 출생률을 기록하고 있으며, 그와 맞물려 고령화도 세계에서 가장 빠른 속도로 진행되고 있다. 한국으로의 외국인 유입도 지속적으로 증가해오고 있는데, 세 요인은 상호 밀접하게 연계되면서 미래 한국사회의 중첩적인 사회정책 수요를 일으킬 것이다.

세계에서 가장 심각한 '초저출생'

우리나라의 합계출산율이 2000년대에 들어오며 급격히 떨어졌다는 것은 잘 알려진 사실이다. 저출생 해결이 범국가적 문제로 대두된 지 오랜 세월이 지났고, 천문학적인 예산이 투입되었음에도 출생률은 점점 더 하락하는 추세를 보이고 있다. 2023년 우리나라에서 한 해 동안 태어난 출생아 수는 약 23만 명으로 또 한 번 역대 최저 기록을 경신했다. 통계청에 따르면 출생아 수는 2060년 약 18만 명까지 감소했다가

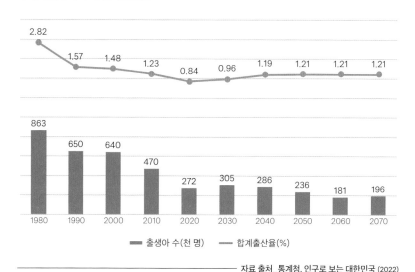

한국의 출생아 수와 합계출산율

자료 출처_통계청, 인구로 보는 대한민국 (2022)

2070년에 다소 반등해 약 20만 명 정도가 될 것으로 전망되고 있다. 정부의 획기적인 저출생 대책과 사회적 노력이 이루어진다면 합계출산율 1.3명 이상도 불가능한 수치는 아닐 것이다. 향후 출생률은 작은 범위에서 상승과 하락을 반복할 수 있다. 그러나 변함없는 사실은 우리 사회가 앞으로 50년 이상은 저출생이라는 거대한 쓰나미를 마주해야 한다는 것이다.

한편 2020년부터는 사망자 수가 출생아 수를 넘어서는 '인구 데드크로스Dead Cross'가 3년 연속 발생했다. 문제는 사망자 수 증가가 고령화의 여파로 향후 더욱 가팔라질 수 있다는 데 있다. 통계청이 발표한 2023년 인구동향조사에 따르면, 2023년 우리나라의 사망자 수는 약 35만 2,700명으로 출생아 대비 12만 3,000명 더 많았다. 앞으로는 고

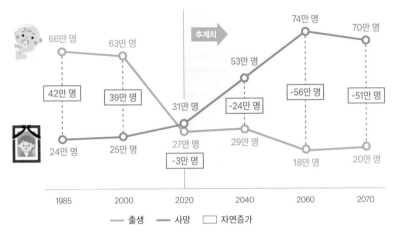

출처_통계청, 장래인구추계(2020~2070년)

령화의 심화로 사망자 수가 더욱 증가할 것이며, 2040년대에는 연간 50~60만 명 정도의 사망자가 발생할 것으로 전망되고 있다.

세계에서 가장 빠른 '고령화'

출생률의 감소와 기대수명의 증가는 고령화로 직결될 수밖에 없다. 2005년 우리나라의 65세 이상 고령인구 비중은 9%였으나, 2015년 12.8%까지 증가했고 2017년에는 고령사회의 기준이라 할 수 있는 14%에 진입했다. 이러한 추세가 지속된다면 2030년에는 고령인구가 전체 인구의 24.3%, 2050년에는 40.1%까지 증가할 전망이다.[5] 이는 세계적으로 보아도 가장 빠른 수준의 고령화다. 결국 2060년에는 한국 사회의 인구구성이 다수의 고령인구와 소수의 청장년 인구로 구성되는

한국의 연령계층별 인구 구성비 (2024, 2072년)

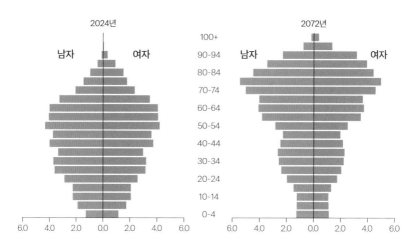

출처_통계청, 세계와 한국의 인구현황 및 전망 (2024)

전형적인 역逆피라미드 모양으로 바뀔 것이다.

고령화 현상에서 특히 주목해야 할 부분은 '고령자의 초고령화'다. 통계청 추계에 따르면 초고령으로 간주되는 85세 이상 인구는 2010년 37만 명에서 2060년 448만 명으로 크게 증가할 전망이다. 초고령인구의 증가는 필연적으로 의료비용의 급증을 초래한다. 국민건강보험공단에 따르면 65세 이상 고령자 1명의 연간 의료비 지출은 2015년 357만 원이었으나, 2020년에는 459만 원, 2030년에는 760만 원까지 증가할 것으로 예상되고 있다. 특히 75세 이상 고령자 1명당 의료비용은 2030년 1,224만 원까지 증가해 65세 고령자의 2배에 달할 전망이다. 또한 의료비 외에도 초고령자의 증가는 돌봄 수요의 급격한 확대를 가져올 것으로 예상된다.

장생(長生)시대, 장수가 축복이 되다

대한민국은 현재 세계에서 가장 빠른 속도로 고령화가 진행되고 있다. 건강하기만 하다면 오래 산다는 것은 개인에게 축복일 수 있으나, 사회 전체로는 부정적인 이미지가 훨씬 큰 것 같다. 아마도 부양해야 할 사람보다 부양받을 사람이 더 많아진다는 부담감 때문일 것이다. 오래 살기만 하고 건강을 유지하지 못한다면 개인적으로나 사회적으로나 그 비용은 상상을 초월할 것이다.

'노화老化'라는 단어는 시간이 흐름에 따라 신체기능과 활동능력이 쇠퇴한다는 부정적 의미가 강하다. 하지만 의학기술의 도움으로 나이가 들어도 젊을 때의 정신과 신체적 기능을 유지하는 '액티브 시니어 Active Senior'가 많아지고 있다. 이들 신고령층에게 '노령老齡' 대신 '장생長生' 이라는 긍정적 이름을 부여하면 어떨까? 활동적이고 다양한 경륜을 가진 많은 장생자가 경제·사회활동에 참여한다면, 고령화는 우리에게 위기가 아니라 기회가 될 수 있다.

의학기술의 발달은 실제로 젊고 건강하게 오래 살 수 있는 가능성을 점점 높여가고 있다. 노인 질병사망의 주요 원인인 암과 치매를 예방하고 치료하기 위한 맞춤형 백신과 치료제 연구가 꾸준히 진행되는 중이다. 또 노화로 쇠퇴한 치아나 뼈, 피부, 혈액, 장기 등을 교체하는 임플란트 기술도 적용 범위를 넓혀가고 있다. 신체의 일부가 노화되면 새것으로 교체하면 되는 것이다. 인간의 뇌를 기계로 자극해서 노인의 기억과 판단력, 언어능력을 강화하고 정서까지 조절하는 기술도 개발 중이다.

최근에는 고령자의 혈액세포를 '역분화줄기세포'로 바꿔 세포수명을 신생아 상태로 되돌리는 실험까지 성공했다. 유전자 교정과 줄기세포를 활용해 노화 자체를 억제하는 연구는 장생시대를 견인할 중요한 기술로 평가되고 있다. 아마 우리는 현재 예상하는 기대수명보다 훨씬 더 오랜 세월을 살게 될지도 모른다.

과학기술의 발전으로 '65세 이상=고령자'라는 등식은 더 이상 성립하지 않는다. 단지 고령이라는 이유로 차별을 받거나 활동이 제약되는 시대는 저물어가고 있다. 장생시대는 개인의 가치관은 물론 우리 사회 전반에 걸쳐 근본적인 변화를 가져올 것이다. 산업혁명 이후 인간은 공부하고, 일하고, 은퇴하는 단선적인 삶을 살아왔다. 생애주기 또한 출생, 성장, 교육, 취직, 결혼 및 출산, 은퇴, 사망에 이르는 선형적인 과정을 겪어왔다. 그러나 장생시대에는 교육부터 은퇴에 이르는 생애주기가 적어도 한 번 이상 반복되는 순환적인 과정으로 변할 것이다.

1인 가구, 더욱 많아지는 홀로족

저출생과 고령화 추세가 이어지면서 전통적인 가족관계도 급속히 해체되고 있다. 이러한 변화는 가구 유형에서도 확연히 드러나는데, '1인 가구'의 급격한 증가도 그 중 하나다. 통계청 조사에 따르면 2022년 우리나라의 1인 가구는 약 750만 2,000가구로 전체 가구 가운데 34.5%를 차지하는 것으로 나타났다. 1990년에서 2005년까지는 전통적인 가구 유형이라고 할 수 있는 4인 가구(부부+자녀)가 주요했으나, 2022년에는 1인 가구가 주요 가구 유형으로 자리 잡은 것이다. 향후 1

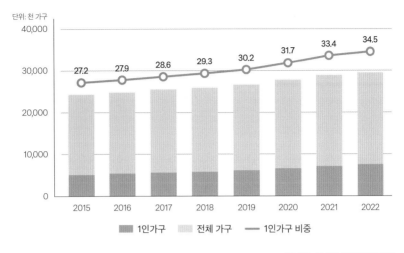

단위: 천 가구

자료출처_통계청, 인구주택총조사

인 가구는 지속적으로 증가해 2045년에는 36.3%(810만 가구)에 달할 것으로 전망되고 있다. 한편 고령화 추세와 맞물려 가구의 구성원들도 고령화되고 있는데, 이러한 특징은 1인 가구에서 두드러진다. 2022년 기준 65세 이상 내국인 고령자는 904만 6,000명이다. 이 중 1인 가구가 197만 3,000명으로 21.8%를 차지했다. 노인 5명 중 1명은 혼자 거주하는 셈이다.

반려동물, 당연한 가족이 되다

다음으로 살펴볼 인구 변화는 반려동물의 증가다. 인구 문제를 말하며 반려동물을 이야기하다니 의아할 사람도 있을 것이다. 하지만 반려동물의 증가는 저출생, 고령화, 1인 가구의 증가와 무관하지 않다. 혼자

사는 사람이 늘어나면서 반려동물을 양육하려는 수요도 함께 늘어났으며, 젊은 커플들도 아이를 낳고 양육하는 대신 반려동물을 키우는 사례가 늘고 있기 때문이다. 최근 농림축산식품부의 조사결과에 따르면 2023년 기준 우리나라의 반려동물 양육인구 비율이 28.2%인 것으로 나타났다. 2010년 첫 조사 당시 17.4%였던 것을 고려하면 13년 만에 10.8%p나 증가한 것이다.

물론 반려동물의 소비시장도 가파르게 성장 중이다. 예전에 애완동물이라 불리던 존재가 '반려동물'이 된 것에서도 알 수 있듯 이제 동물은 당연한 가족이 되었으며, 양육자들은 반려동물에 대한 지출을 아끼지 않는다. 현재 반려가구가 지출하는 양육비는 월 평균 15만 원이며, 반려동물 의료비는 연간 40만 원 수준으로 파악되고 있다. 반려동물 시장은 하나의 거대한 산업으로 자리 잡았으며 향후에도 지속적인 성장을 이어나갈 것으로 전망된다.

외국인, 고령화 사회의 유일한 대안

외국인구의 국내 유입세는 한국사회의 인구구조 변화에 또 하나의 중요한 동인으로 작용하고 있다. 국내 체류 외국인의 증가는 외국인 노동자 외에도 국제결혼, 유학생, 해외국적 동포 등의 유입이 주요 원인으로 꼽히고 있다. 법무부 출입국 통계에 따르면 2023년 말 기준 국내 체류 외국인은 약 250만 명으로 전년 대비 11.65% 증가한 것으로 나타났다. 1990년 초반 5만 명 정도에 불과했던 것과 비교해 볼 때 30여 년간 무려 50배 가까이 증가한 것이다. 저출생, 고령화의 심화로 인해 국내 체류 외국인은 향후에도 지속적으로 증가할 전망이다. 생산가능인구의 감소 탓에 부족한 노동력에 대한 외국 인력 수요가 늘어날 수밖에 없으며, 고령화를 완화할 수 있는 유일한 대안도 해외로부터의 인구 유입이기 때문이다.

국내 체류 외국인 증감 추이(2013~2023년)

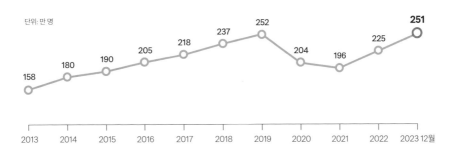

단위: 만 명

2013	2014	2015	2016	2017	2018	2019	2020	2021	2022	2023 12월
158	180	190	205	218	237	252	204	196	225	251

출처_법무부 출입국·외국인정책본부 통계월보(2023.12.)

인구구조와 미래 직업의 상관관계

저출생과 고령화는 대한민국의 미래에 대한 중대한 도전이자 심각한 위기다. 위기는 여러 차원에서 비롯된다. 그 첫 번째는 경제적인 요인이다. 생산과 소비 인구가 감소하면 노동력이 저하되고, 내수시장과 총수요가 감소하며, 그 결과 경제성장률이 하락하기 때문이다. 두 번째는 국가의 재정 압박이다. 저출생·고령화는 세수를 줄이는 반면 연금, 보험, 의료 및 기타 복지 등 의무지출을 급격히 증가시켜 국가재정에 부담을 가져온다. 세 번째는 고령층과 청년층을 중심으로 한 세대 간 갈등 심화다. 고령화로 인해 늘어나는 사회보장 비용을 현역 세대에게만 부담시킬 경우, 이는 자원 배분을 왜곡할 뿐만 아니라 심각한 세대 간 갈등으로도 이어질 수 있다. 이 외에도 학령인구 감소, 병역자원 부족 등 인구 감소가 한국사회에 미치는 영향은 실로 막대할 것이다.

줄어드는 노동력의 파급효과

생산가능인구의 감소는 곧 노동력 저하를 의미한다. 이로 인해 유추해 볼 수 있는 사실이 바로 '실업 문제의 완화'일 것이다. 우리나라의 청년실업률은 2000년대 들어 7~8%대를 유지하다 2017년에 9.8%로 정점을 찍은 후 2023년에는 다시 낮아져 5.9%를 기록했다. 이미 생산가능인구 감소가 청년실업 완화에 반영되기 시작한 것이다. 2023년 기준으로 취업 연령대라고 할 수 있는 25~29세 인구는 약 360만 명 정도다.

이들 청년 취업인구는 2035년에 250만 명, 2045년 200만 명, 그리고 2023년생이 취업 연령대에 접어드는 2048년에는 163만 명까지 감소할 것으로 추산되고 있다. 그만큼 취업에 대한 경쟁은 줄어들 수 있으며 미래의 청년들은 지금보다 훨씬 우호적인 환경에서 취업 활동을 할 수도 있다.

다만 여기에는 중요한 변수가 하나 존재하는데 바로 기술에 의한 일자리 대체다. 2013년에 영국 옥스퍼드대학교 연구팀은 향후 20년 안에 47%의 직업이 AI에 의해 대체될 것으로 전망한 바 있다.[6] 보스턴 컨설팅 그룹은 2035년까지 45%가 대체될 것으로 예상했다. 세계경제포럼은 2030년까지 AI 등의 영향으로 200만 개의 신규 일자리가 생겨나지만, 710만 개의 일자리가 사라져 총 500만 개 이상의 일자리가 순감할 것으로 보고 있다. 국제노동기구 역시 향후 20년간 아시아 근로자 1억 3,700만 명이 일자리를 잃을 수 있다고 경고했다. AI만 문제는 아니다. 미국 전미경제연구소에서 발표한 보고서에 따르면 산업용 로봇은 1990~2007년 사이 로봇 1대가 인간의 일자리 6.2개를 감소시켰으며, 향후 산업용 로봇의 보급 대수는 4배 이상 증가할 것으로 전망했다.

저출생 현상이 가져올 변화는 또 있다. 학령인구 감소는 '교사'라는 직업을 위태롭게 만들고 있다. 이미 많은 초중고 학교들이 학생 수가 부족해 통폐합되었으며, 대학 또한 같은 위기에 처해 있다. 학령인구 감소세가 이어지면서 정부는 공립학교 초중고 교원 정원을 대폭 줄일 것을 예고했다. 또한 초저출생 기조는 병역자원 감소에도 큰 영향을 미칠 전망이다. 병역자원의 감소에 대비해 군은 다양한 측면에서 전력 유지 및 강화 방법을 모색하고 있다. 그중 하나가 과학기술군으로의 전환이며, 다른 하나가 전문성을 가진 직업군인의 확대다. 이러한 흐름은 향후 국방 분야에서 여러 일자리를 창출할 것으로 예상된다. 특히 과학기술군으로의 전환은 여러 부분에서 기술적 전문성을 갖춘 직업군인의 수요를 증가시킬 것이다.

액티브 시니어라는 게임 체인저

고령화의 진행은 경제사회적으로 다양한 문제를 야기할 것이나, 한편으로는 새로운 산업과 일자리를 창출할 수 있다. 먼저 85세 이상 초고령자의 급격한 증가로 돌봄에 대한 수요가 크게 늘어날 것이다. 그러나 '돌봄'은 3D(Difficult, Dirty, Dangerous) 직업이라는 인식이 강하다. 이러한 이유로 우리보다 앞서 초고령사회를 경험한 일본의 경우 외국인을 통해 급증하는 돌봄 수요에 대응해오고 있다. 일본은 이미 오래전부터 동남아시아 국가들과 경제동반자협정을 맺어 요양사 후보자를 선발해 데려오고 있다. 우리나라도 일본과 마찬가지로 돌봄이나 간호 분야는 외국의 노동력으로 채워질 가능성이 높다. 동시에 웨어러블Wearable 로봇(의료, 재활, 산업 현장 등에 활용되는 입는 로봇) 등 기술 발전이 돌봄에 활용될 경우 돌봄 노동자의 수고와 시간을 대폭 경감해줄 수 있다. 아울러 초고령자에 대한 정신적 상담 등의 지식을 겸비한 전문 요양사는 초고령화 시대에 유망한 직종이 될 수 있을 것이다.

쉽게 예상할 수 있듯이 고령화되는 인구구조는 실버산업의 폭발적인 성장을 가져올 것이다. 고령화는 현재 선진국, 개발도상국을 막론한 전 세계적 추세다. 특히 중국과 인도 등 후발산업국은 고령화가 진행되는 동시에 중산층도 함께 성장하고 있어 커다란 실버 시장이 될 전망이다. 이미 전 세계적으로 실버산업, 실버 이코노미, 실버 테크(노인+기술) 등의 용어가 보편화되고 있다. 실버 시장은 의료, 간병, 헬스케어뿐만 아니라 주택, 음식, 레저 및 관광, 운송 같은 다양한 분야로 확산 중이다. 한국보건산업진흥원은 국내의 실버산업 규모가 2020년 72조 원에서 2030년 168조 원 규모로 성장할 것으로 전망하고 있다. 월드데이터랩은 미국 실버 시장이 2025년 약 3조 5,000억 달러(한화 약 4,950조 원) 규모까지 성장할 것으로 예측했다. 에이징아시아얼라이언스는 아태 지역의 실버 시장이 2025년까지 4조 6,000억 달러(한화 약 6,500조 원) 규모로 성장할 것으로 보고 있다.

장생시대의 도래와 액티브 시니어의 증가는 미래의 일과 직업에 있어 '게임 체인저'가 될 수 있다. 100년을 넘게 사는 장생시대에 고등교육을 포함한 16년의 교육 기간은 충분하지 않다. 장생시대에는 평생교육을 넘어 일정 기간의 주기적인 집중 교육과 학습이 일반화될 것이다. 직장도 마찬가지다. 20대 중후반에 처음 취직을 하고 60세 전후에 은퇴하는 시스템은 이제 유효하지 않다. 집중적인 재교육을 통해 새로운 직종과 직장을 얼마든지 찾을 수 있다. 결국 재교육과 재취업의 틀만 탄탄하다면 경륜 많은 고령자는 부담이 아닌 축복이 될 것이다. 얼마 전 네덜란드에서 69세 남성이 '법적 연령을 20세 낮춰 달라'고 법원에 소송을 제기했다. 본인이 나이보다 젊고 건강하다는 이유였다. 법원은 이를 기각했다. 하지만 그는 이름도 젠더도 바꿀 수 있는 세상인데 왜 나이는 바꿀 수 없는지 항변했다고 한다. 이 사건은 해프닝으로 끝났지만, 장생시대에는 유사한 소송이 얼마든지 일어날 수 있다.

기후위기
_'끓는 지구'라는 재앙

생존을 위협하는 기후

온난화는 어떻게 우리 삶을 바꾸는가

IPCC(Intergovernmental Panel on Climate Change, 기후변화에 관한 정부 간 협의체)가 2021년 발표한 기후변화에 관한 제6차 평가보고서에 따르면, 지구의 평균 온도가 20년 안에 산업화 이전보다 1.5℃ 높아질 가능성이 매우 크다고 한다. 이는 2018년 발표한 연구결과보다 10년 앞당겨진 시기다. 19세기 말 이후 지구의 온도는 평균 1.1℃ 높아졌다. 빙하와 만년설이 감소하고, 해수면이 상승했으며, 더 강한 폭풍과 폭염이 찾아오고, 더 산성화된 바다를 만들어냈다. 전문가들은 기온이 1.5℃까지 상승할 경우 폭염 발생 빈도가 현재의 2배 가까이 증가하는 등 극단적 기후위기가 빈번하게 발생할 것이라고 경고한다.

기후변화는 특정 지역에서 더 많이 감지되고 있다. 예를 들어 중동과 북아프리카는 다른 지역보다 1.5배 높은 기온 상승으로 더 큰 고통을 겪을 것으로 전망된다. 특히 아시아 서부와 중부, 아프리카 남부에서 가장 빠른 온난화가 일어날 것이며, 열대 지방은 광범위하면서도 극심한 폭염이 예상된다. 건조화와 극한의 날씨는 사람들을 도시로 밀어내 도시의 과밀화와 거대화에 압력을 가할 것이다. 하지만 기온 상승은 특히 도시에서 크게 체감되며, 도시가 커질수록 그 증가 폭이 늘어난다. 급격한 도시화가 진행되고 있는 개발도상국은 기후변화에 적응할 수 있는 능력이 부족하고, 그 영향에 많이 노출되어 있기 때문에 더 큰 고통을 겪을 것이다.

1.5℃의 기온 상승은 지구가 견딜 수 있는 최댓값이라고 한다. 2030년 이후 기온이 더 상승하면 수억 명의 사람이 더 잦은 가뭄, 홍수, 극심한 더위 그리고 빈곤에 직면하게 될 것이다. 특히 기후변화에 취약한 저소득층을 포함해 고령자, 여성, 아동 등이 위기 상황으로 내몰릴 수 있다. 향후 20년 내에 전 지구적 차원에서 특단의 조치가 취해지지 않으면 기후변화는 인간의 통제 밖으로 벗어날지도 모른다. 이는 종국에 인류 전체의 멸종으로까지 이어질 수 있다.

지금부터 살펴볼 미래 사회의 세 번째 구조적 동인은 '기후위기'다. 모두가 지구를 지켜내야 한다는 것에 공감하지만, 사실 기온이 1.5℃

더 뜨거워진다는 게 개개인에게 어떤 의미인지 실감할 기회는 거의 없었을 것이다. 하지만 기후위기는 경제는 물론 우리의 직업과도 연관이 아주 깊다. 경제적인 측면에서 보자면, 기온 상승은 생산성 저하를 가져온다. 더운 날씨에는 사람들이 더 쉽게 피로를 느끼고 열사병의 위험도 증가한다. 야외나 고온의 환경에서 일하는 직종에는 더욱 치명적이다. 그로 인해 노동 생산성이 줄어듦은 물론 전반적인 건강관리 비용도 늘어난다. 뿐만 아니라 냉방에 필요한 에너지 비용, 자연재해로 인한 경제적 손실, 농작물의 수확량 감소 등 기후가 경제에 미치는 영향은 실로 막대하다. 실제로 2030년까지 더워진 기후로 인한 생산성 손실은 전 세계적으로 1조 5,000억 파운드(한화 약 2,744조 원) 이상일 것으로 예측된다.[7] 이런 사회변화로 인해 우리의 일자리가 사라지고 생겨나는 것은 물론이다. 기후위기가 만들어낼 구체적인 미래 직업에 대해서는 후술할 것이다. 지금은 우선 기후위기의 현주소를 자세히 살펴보자.

지구 열탕화 시대와 폭염 살인

2024년 여름, 전국적인 찜통더위로 30일간 폭염 특보가 이어졌다. 서울도 열대야가 지속되어 1994년과 2018년의 역대 최장 기록을 경신했다. 바야흐로 '지구 열탕화(Global Boiling)' 시대라는 것을 피부로 느낀 여름이었다. 1880년대 근대 기상관측이 시작된 이래 2023년은 전 지구적으로 가장 더웠던 해로 기록되고 있다. 2023년 지구 평균 온도는 산업화 이전 대비 1.48℃ 상승했으며, 1년 365일 모두 산업화 이전 대비 1℃ 이상 높았던 것으로 나타났다.[8] 그 이후는 우리가 체감했듯 더욱 뜨거운 2024년이 이어졌다. 특히 7월 22일은 세계 평균 기온이 17.15℃에 달해 지구 역사상 가장 뜨거운 날로 기록됐다. 기후 전문가들에 따르면 이러한 기록은 매년 경신될 것으로 예측되고 있다.

2023년 출간된《폭염 살인The Heat Will Kill You First》이라는 책은 오늘날 상황을 잘 대변해 주고 있다. 책 제목의 번역이 좀 자극적인 느낌이었으나, '더위가 당신을 먼저 죽일 것이다'라는 원제목은 더 섬뜩하다. 그래도 나만은 폭염에 희생되지 않을 것이라는 막연한 믿음에 의심이 가기 시작한다. 저자인 기후 저널리스트 제프 구델Jeff Goodell은 전 세계의 폭염 현장을 책에서 생생하게 묘사하고 있다. 쥐, 모기, 진드기 등이 높아진 기온으로 서식지를 이동하며 감염병을 옮긴 사례, 해빙으로 인한 바이러스 창궐, 무려 52.9℃의 폭염으로 사망자가 수십 명 발생한 인도까지, 폭염은 우리의 예상보다 삶에 치명적인 영향을 준다. 2019년 한

해 동안 폭염으로 사망한 사람이 전 세계적으로 50만 명에 달한다고 한다. 이는 지구 열탕화가 가져온 가뭄, 홍수, 산불 등 자연재해로 인한 피해는 제외한 수치다.

또한 영국의 싱크탱크 채텀하우스가 2021년 발간한 보고서에 따르면,[9] 지구 열탕화로 인한 미래 피해는 상상을 초월한다. 보고서는 2040년이 되면 39억 명 이상이 매년 극심한 폭염을 경험할 것이며, 2050년이면 전 세계 농경지의 40%가 매년 3개월 이상 심각한 가뭄에 노출될 것으로 예측했다. 그에 따라 기상 패턴과 생태계의 변화, 해충과 질병 증가, 잦은 폭염과 가뭄, 전례 없는 식량 불안과 이주가 발생할 것으로 보고 있다.

생태계의 숨통을 조이는 기후위기

기후변화는 인간과 생태계의 생존을 위협한다. 우선 식량과 물의 안정성이 악화되고 있다. 강수량 패턴의 변화, 극단적인 날씨의 증가, 해수면 상승과 폭풍 및 해일로 인한 토양과 담수로의 염수 유입 등이 모두 그 이유가 된다. 또한 해양의 온도가 상승하며 산호초에도 큰 위협이 되고 있는데, 이는 해양 생물이 의지하는 서식지이자 번식지인 만큼 바다 생태계가 달린 중대한 문제다. 온난화의 영향으로 산호초는 이미 19세기 대비 30~50% 감소했으며, 기온이 1.5℃까지 상승한다면 70~90%까지도 감소할 수 있다. 이는 어업과 관광 산업을 더욱 위협에 빠뜨릴 것이다.

생물 다양성은 인류 역사의 그 어느 시점보다 빠르게 감소하고 있다. 기온이 높아져 전통적인 서식지에서는 더 이상 생존할 수 없거나 새로운 장소로 빠르게 이동할 수 없는 동식물들이 멸종으로 이어질 가능성이 높다. 바다 역시 온도가 상승하고 산성화되어 해양 생물 다양성에 큰 영향을 줄 수 있다. 생물은 자연 선택에 의해 변화에 적응할 수 있지만, 기후변화가 너무 갑작스럽고 빠른 경우에는 그 가능성도 줄어든다. 생물 다양성의 감소는 인간의 산업과 직업, 일상에도 큰 영향을 미친다. 농어민과 관광업 종사자가 일자리를 잃을 수 있고, (원료가 되는 생물의 멸종으로) 의약품 가격이 상승할 수 있으며, 먹을 수 있는 식량의 종류가 줄고, 수질 정화에 더 많은 비용을 써야 할 것이다. 반면 생태 복원 전문가나 재생 가능 소재 개발자, 합성 생물학 연구자 등 신생 직업들이 태어날 수도 있다.

인간의 목숨까지도 기후의 영향 아래에 있다. 기후변화는 사람, 동물, 식물에 영향을 미치는 질병의 발생 빈도를 변화시킬 것으로 예상된다. 벡터 매개체[+](관련 질병: 웨스트나일, 말라리아, 뎅기열), 물 매개체(콜레라), 공기 매개체(인플루엔자, 한타바이러스), 음식 매개체(살모넬라) 등 다양한 매개체에 변화가 생겨 인간에게 병원체가 전달될 수 있다. 오염 외에도 극단적인 날씨와 재난은 종종 사람들을 사망으로 이끌며, 건강 기반 시설을 파괴하고 치료에 접근하는 것을 방해한다. 더하여 기후는 인

[+] 바이러스, 박테리아, 기생충 등의 병원체를 사람이나 동물에게 옮기는 생물로 질병을 전파하는 매개체를 의미한다.

구의 이주를 촉발하는데, 무더운 날씨로부터 도망가고자 하는 이들이 일시적으로 인근 지역으로 이동하는 경우가 있기 때문이다. 하지만 기후변화는 해수면 상승과 극심한 더위를 불러와 특정 지역을 영구히 거주할 수 없는 곳으로 만들기도 한다. 이처럼 기후위기는 향후 인간의 안전과 안정을 더욱 악화시킬 것으로 전망된다.

기상이변과 자연재해의 일상화

지금, 여기, 자연재해

기후변화는 먼 미래의 일이 아니라 이미 현실이다. 지구는 현재 폭염, 가뭄, 홍수, 산불, 혹한, 초대형 태풍 등 기존의 관측치를 뛰어넘는 극단적인 기상이변과 자연재해를 겪고 있다. 세계 여러 지역에서 불볕 더위가 찾아오는 날이 잦아지고, 폭염 지속 일수도 길어졌다. 이는 고기압이 돔처럼 대기를 감싸 고온의 공기가 아래로 밀려 갇히면서 근처 지역의 온도가 치솟는 '열돔 현상' 때문이다. 폭염으로 토양도 건조해져 가뭄은 더 심각한 상황이다. 산불을 일으킬 수 있는 기상 조건이 만들어지고 있다는 게 과학자들의 설명이다. 또한 날씨가 따뜻해질수록 대기는 더 많은 수분을 머금을 수 있는데, 이에 따라 비가 더 자주, 강하게 내리게 된다. 단시간에 특정 지역에 엄청난 비가 내리면서 폭우와 홍수가 발생하는 것도 이 때문이다.

기상이변으로 인한 자연재해는 많은 인명 및 재산 피해를 동반한다.

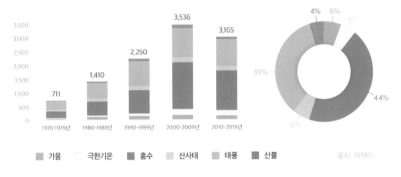

전 세계 자연재해 발생 건수 및 재해별 비율

출처_SK에코플랜트(자료: WMO)

세계기상기구(WMO, World Meteorological Organization)에 따르면 기상 이변, 기후 및 수자원 관련 사건으로 1970년부터 2021년 사이에 1만 1,778건의 재난이 발생했으며, 약 200만 명이 사망하고 4조 3,000억 달 러(한화 약 6,040조 원)의 경제적 손실을 입었다고 한다. 이 중 전 세계적 으로 보고된 사망의 90% 이상이 개발도상국에서 발생했다. 동아프리 카 일부 지역에서는 가뭄이 계속되면서 2,000만 명 이상이 위험할 정 도의 식량 부족에 처해 있다고 한다.

점점 더 평등해지는 기후재난

우리는 지구 열탕화로 인한 피해가 지역, 계층, 성별, 세대별로 불평 등하다고 알고 있으며, 실제로도 그렇다. 개발도상국의 많은 빈민이 에 어컨 없이 폭염을 온몸으로 받아내고 있고, 노동자는 농장과 건설 현장 에서 더위에 내몰리고 있다. 또한 여성은 남성에 비해 기후변화와 재난에 더 취약하다. 1991년 방글라데시 홍수 당시 여성 사망자는 남성 사망자의 5배에 달했고[10], 2003년 여름 유럽을 강타한 열파로 인한 사망자의 70%가 여성이었다.[11] 이는 여성이 남성에 비해 물리적 힘이 약한 것도 있지만 가정에 머무는 시간이 긴 사회적 경향과 돌봄 책임, 정보에 대한 제한성, 경제적 취약성 등도 이유가 됐다. 앞으로 태어날 미래 세대는 지금보다 훨씬 더 혹독한 기후환경에서 살아가야 한다. 이것이 지금까지 우리가 알고 있던 '불편한 진실'이다.

그러나 최근의 기후재난은 개발도상국과 선진국, 빈과 부의 격차를 가리지 않고 그 피해 범위를 넓혀가고 있다. 유럽과 미국은 매해 반복적인 폭염과 혹한을 경험하고 있으며, 선진국의 중산층 이상 사람들도 예상치 못한 이상기후에 목숨을 잃는 사례가 빈번하게 일어나고 있다. 이제 선진국에 진입한 우리나라도 언제 어떻게 기후재해로 인한 참변을 당할지 알 수 없다. 길을 걷다가 폭염에 쓰러질 수도, 갑작스러운 폭우로 지하주차장이나 터널에 갇혀 익사할 수도 있기 때문이다. 더 이상 기후재난은 소득의 문제가 아니다.

기후위기 속에서 피어난 신산업

폭염, 한파, 열대 저기압, 홍수, 가뭄 및 기타 극한의 기후 현상은 막대한 인명 피해와 경제적 비용을 초래한다. 지구상 약 33~36억 명의 인구가 기후변화에 매우 취약한 지역에 살고 있으며, 지금도 기온은 계속해서 상승 중이다. 그러나 한편으로는 위기에 대비하는 과정에서 발달한 기상, 기후, 수문학 및 관련 정보와 서비스가 사회에 큰 이익을 제공할 수 있다. 이러한 정보를 통해 개인, 기업, 정부는 기상이변의 파괴적 영향을 줄이고 재산을 지키며 국가경제를 강화할 수 있다.

한편 기후위기는 역설적이게도 새로운 산업을 촉진시키고 있다. 관련 산업은 기후변화의 영향을 완화하거나 이에 대응하는 솔루션을 개발하고 구현하는 분야를 포함한다. 먼저 탄소중립을 위해 재생 가능한 에너지원을 개발하고 보급하는 산업이 크게 성장하고 있다. 태양, 풍력, 수력, 지열 등의 재생 가능한 에너지는 탄소배출을 줄이고 지속 가능한 에너지를 공급할 수 있다. 또한 에너지 효율 산업이 건설, 운송 등 다양한 부문에서 에너지 소비를 줄이는 기술과 서비스를 제공하고 있다. 모빌리티 분야도 화석연료 사용과 탄소배출을 줄이기 위해 전기차, 수소차 등 친환경적 이동수단을 개발하며 성장하고 있다. 그밖에도 기후변화의 영향을 완화하고 생태계를 회복하는 기술과 서비스를 제공하는 기업, 기후 모델링 및 감지·모니터링 기술 기업, 기후 관련 데이터 분석 및 예측을 제공하는 기업 등이 늘어나고 있다.

한국에서도 기후위기가 산업에 변화의 바람을 일으키고 있다. 예를 들어 포스코는 철강 생산 과정에서 발생하는 탄소배출을 줄이기 위해 수소환원제철 기술을 개발 중이며, 현대차는 전기차 라인업을 확장하고 수소연료전지차에도 투자하고 있다. 삼성전자는 고효율 장비와 친환경 생산 방식으로 반도체 생산 공정에서 에너지를 절감하고, LG화학은 생분해성 바이오 플라스틱을 개발해 폐기물 문제 해결에 힘쓰고 있다. 또한 한화나 SK이노베이션처럼 직접 숲을 조성해 생물 다양성을 보존하려 노력하는 기업도 있다. 이처럼 기후위기는 새로운 산업을 만들어내고 기존 산업의 방식과 조직의 목표도 변화시킨다. 미래의 일과 직업에 있어서 '기후'를 절대 빼놓을 수 없는 이유다.

개인의 '자유'를 위협하는 기후변화

기후위기의 심화는 근대 이후 인류가 추구해온 최고의 가치인 '자유'를 심각히 제한할 가능성이 있다. 자유라는 가치는 지구상 대부분의 국가에서 국가사회 통치의 기본 원리로 작동하고 있다. 그런데 최근 우리는 코로나19를 통해 민주주의 사회에서도 개인의 자유가 제한될 수 있음을 경험했다. 실제로 많은 국가가 팬데믹 기간에 시민들의 자유로운 이동과 모임을 제한했었다. 칠레의 정치학자 로스 미티가Ross Mittiga 교수는 정상적인 상황에서는 민주주의와 자유가 양립할 수 있으나 비상 상황에서는 이 두 가치가 충돌할 수 있다고 주장한다.

기후변화가 가져올 위기와 재난은 지난 팬데믹과는 비교할 수 없을 만큼 막대할 것이다. 기후변화는 인류에게 커다란 위협으로 작용할 수 있는 만큼, 국가는 합법적으로 개인의 자유를 제한하고 권위주의적인 정책을 시행할 수 있다. 예를 들어 급격히 탄소배출을 감축해야 하는 상황에서 개인의 자동차 사용을 제한하거나 에어컨 사용 시간을 규제하고 육류 소비에 추가적인 세금을 부과하는 일이 일어날 수도 있다. 또한 국가뿐만 아니라 개인, 집단, 커뮤니티 등도 위기의식이 커지면서 억압적이고 권위주의적인 정책을 옹호할 수 있다. 실제로 기후위기의 심화는 극단적인 개인과 단체들을 양산해내고 있다. 2019년 발생한 뉴질랜드 크라이스트처치와 미국 텍사스 엘파소의 총기난사 사건도 기후환경 극단주의와 관련이 있는 것으로 알려졌다. 두 사건의 범인 모두 특정 인종이나 이민자가 자원을 고갈하고 있다는 왜곡된 인식을 가지고 있었으며, 지구환경을 지키기 위해서는 희생이 불가피하다며 자신의 범행을 정당화했다.

탄소저감에 대한 국가 간 합의가 실패하거나 진척이 더딜 경우 기후위기가 심화될 것은 분명하다. 기후위기에 대한 희망과 대안이 속히 제시되지 못한다면, 그 자리를 좌절과 분노가 대체할 것이다. 이는 곧 극단적인 개인과 단체의 양산으로 이어질 것이며, 국가사회는 더욱 더 개인의 자유를 제한할 것이다. 기후변화가 극단적인 상황으로 번진다면 향후 인류가 추구하는 최상의 가치는 '자유'가 아닌 '생존'이 될 수도 있다. 로마클럽이 2022년 《성장의 한계》 출간 50주년을 기념해 발간한 책의 부제가 '모두를 위한 지구: 인류를 위한 생존 가이드(Earth for All: A Survival Guide for Humanity)'라는 점은 시사하는 바가 크다.

탄소중립과 기업의 손익계산서

탄소제로를 향한 에너지 전환

지구 기온을 상승시키는 주요 원인으로 지적되고 있는 것이 화석연료 사용에 따른 '탄소배출'이다. IPCC는 최근 보고서에서 지구 온도를 안정화하려면 탄소배출량을 가능한 한 빨리 '제로'로 줄여야 한다고 말

한다. 이러한 목표는 파리협약에 따라 EU 및 기타 여러 국가에서 비준되었다. 파리협약의 가장 중요한 목표는 지구 평균 기온을 최대한 유지하는 것이다. 산업화 이전 대비 기온 상승을 1.5℃로 제한하려는 국제적인 약속이라고 할 수 있다. 탄소제로는 말 그대로 탄소의 배출량을 0으로 만드는 것이다. 탄소배출을 줄이는 데는 크게 두 가지 방법이 제안되고 있다. 첫째는 화석연료 연소, 수송 등 인간 활동에 의한 인위적 배출량을 0에 가깝게 감소시키는 것이다. 두 번째는 숲과 같은 생태계 복원, 블루카본(해양 생태계를 활용해 이산화탄소를 흡수하고 저장하는 기술), 탄소 제거 기술 등을 활용해 탄소를 흡수하는 방법이다.

온실가스 배출의 주범은 화석연료를 사용한 에너지 생산이다. 이러한 이유로 유럽은 2050년까지 재생 가능한 에너지원의 비율을 전체 에너지 비중의 100%까지 끌어올릴 계획이다. '에너지 전환'의 핵심은 화석연료 대신 전기 사용량을 늘리는 것이다. 전 세계적으로 전기 사용량은 2050년까지 현재의 약 2배 수준으로 증가해 운송, 산업, 건물, 인프라 등 모든 주요 부문에서 에너지 수요의 대부분을 충족할 것이다. 교통수단의 절반은 전기로 구동되며, 석유 제품은 수소 등 기타 재생 가능한 연료가 대체하게 될 것이다. 산업계도 전기 사용량을 2배로 늘려 태양광, 풍력, 수력, 지열 등 다른 재생에너지를 생산과 공정의 에너지원으로 활용할 것이다. 건물과 기반시설 또한 난방 수요의 상당 부분을 전기, 지열, 바이오매스(식물, 나무, 농업 및 식품 폐기물에서 얻는 유기물 자원), 태양열 에너지원으로 충족시킬 것으로 전망된다. 이로 인해 석탄의 수요는 급격히 감소하고, 석유 및 가스의 사용도 점진적으로 줄어들어 EU

의 목표대로 재생에너지 비율이 현재의 약 20%에서 2050년 100%까지 확대될 것으로 기대된다.

재생에너지의 확대는 태양광 및 풍력 발전이 주도할 것이며, 이는 전력 생산의 75%를 충족할 것으로 예측되고 있다. 재생 가능 에너지와 에너지 효율성은 스마트 그리드 전송(지능형 전력망으로 전력을 효율적으로 생산하고 소비하는 시스템), 더욱 효율적인 가전제품, 향상된 운송 물류 및 기타 조치를 통해 전체 소비를 줄이는 데 중요한 역할을 할 것이다. 모든 전기와 난방 사용을 100% 재생 가능 에너지로 전환하려면 연간 1조 1,000억 달러(한화 약 1,550조 원)의 추가 투자가 필요한 것으로 조사되고 있다. 이는 현재 전 세계가 화석연료에 지출하는 금액의 4분의 1에도 미치지 못하는 수준이다. 이러한 급격한 에너지 전환에도 불구하고 지구 기온 상승을 1.5℃ 이하로 유지하려면 탄소 흡수원인 자연 생태계를 보호하고 복원하기 위한 더 많은 노력이 필요하다.

출처_Adobe Stock

기후는 회사도 쓰러뜨린다

이미 기후위기로 인한 재난은 기업의 생산, 매출, 순익에 막대한 영향을 미치고 있다. 폭염이 잦아지면서 노동 생산성은 점점 더 저하되고 있으며, 열 스트레스 관련 사망률도 증가하고 있다. 영국 채텀하우스 2021년 보고서에 따르면[12], 2019년 한 해에만 기온 상승으로 인해 전 세계적으로 3,020억 시간의 근무 시간이 손실되었다고 한다. 이는 2000년 대비 52% 증가한 수치다. 2030년대가 되면 전 세계적으로 매년 4억 명 이상이 작업 가능 한계를 초과하는 온도에 노출될 가능성이 높다. 또한 생존 가능 한계를 초과하는 열 스트레스에 노출되는 사람의 수도 매년 1,000만 명을 넘어설 것으로 예상되고 있다.

가뭄으로 인한 물 부족도 기업에 치명적인 영향을 미칠 수 있다. 미국에서는 2012년에 발생한 가뭄으로 전 국토의 70%가 재해 지역으로 선포되었는데, 그로 인해 GDP 성장률이 0.5~1% 감소한 것으로 추산되고 있다. 2021년 대만에 닥친 전례 없는 가뭄도 세계 최대의 반도체 기업인 TSMC의 반도체 생산에 차질을 줘 산업계를 긴장시킨 바 있다. 당시 차량용 반도체 공급이 부족해지며 일부 자동차 제조업체가 공장을 1주일간 중단시키기도 했다. 반도체 산업은 대표적인 물 다소비 산업으로 6인치 웨이퍼 한 장을 생산하는 데만 1.5톤의 초순도의 물이 사용된다고 한다. 이처럼 가뭄과 물 부족은 기업과 국가의 생산성에 직접적인 영향을 미친다. 문제는 2040년까지 매년 약 7억 명이 최소 6개월 동안 지속되는 가뭄에 노출될 것이라는 점이다.

우리는 이미 코로나19로 글로벌 공급망 안전의 중요성을 실감한 바 있다. 전염병의 대유행과 마찬가지로, 극심한 기상이변은 글로벌 공급망에 큰 영향을 미칠 수 있다. 한 지역에서 시작된 재해라 할지라도 그 영향은 공급망 전반으로 빠르게 퍼져나가 생산 및 공급 시간에 차질을 준다. 미국 MIT 경영대학의 제이슨 제이 Jason Jay 교수는 기상이변은 각기 다른 시간에 여러 장소에서 개별적인 위기를 발생시켜 공급망 곳곳에 예상치 못한 방식으로 지장을 준다고 지적했다.

국제 무역 역시 기후의 영향을 받을 가능성이 점점 높아지고 있다. 2020년, 60년 만의 양쯔강 홍수로 중국은 붕괴 위험이 있는 댐을 파괴해야 했다. 이때 강 하류와 상하이 항구 내의 많은 화물선이 파손되었

기록적인 한파가 발생한 2021년 미국 텍사스 ━━━━━━━━

다. 그 결과로 당시 코로나19 방역 장비 수출을 포함한 글로벌 공급망이 중단되었다. 또 하나의 사례를 보자. 2021년 2월에는 텍사스의 기온이 기록적인 수준으로 떨어져 석유화학 산업이 며칠간 지장을 받았다. 합성수지와 플라스틱 등 화학제품 생산의 필수 원료인 구연산과 이산화탄소의 공급이 지연되었기 때문이다.

폭염, 산불, 홍수, 가뭄으로 인한 물리적 위험은 식량 안보와 에너지 및 수자원 인프라에 영향을 미치며, 이는 보험업계가 대처할 수 없는 규모의 기업 부도로 이어질 수 있다. 기업이 실패하면 그 연쇄효과로 일자리와 소득이 감소하고, 물가가 상승하며, 불확실성으로 인해 소비심리도 위축된다. 기후재난은 이렇듯 소비자 지출을 크게 감소시키고 주식시장에도 급격한 변화를 낳을 수 있다. 자산 매각, 주가 하락, 연기금 부족 같은 악재가 이어지면 궁극적으로는 금융시장이 훼손돼 피해가 실물경제로 이어질 수 있다. 심지어 아주 극단적인 상황에서는 자유시장 경제 모델이 지속 불가능하다는 사회적 합의가 형성될 수도 있으며, 정부는 사람들의 소비를 제한하는 방향으로 나아갈 수 있다. 이러한 영향들이 연쇄적으로 합쳐지면서 거시경제적 단절이 초래된다. 기후가 인플레이션, 자산 가격, 일자리와 생계에까지 광범위한 영향을 미칠 수 있는 이유다.

ESG는 기업의 생존 요건이다

기후위기가 심화되면 기업은 단순히 이익을 극대화하는 것을 넘어 더 많은 과제를 짊어지게 될 것이다. 재무 성과뿐만 아니라 기업의 활동이 환경과 사회에 미치는 영향에 대해서도 점점 더 많은 책임을 요구 받고 있기 때문이다. 이는 기업에 있어서도 기후와 환경문제에 대한 장기적이고 지속 가능한 대책이 지금보다 훨씬 더 중요해짐을 의미한다. 환경(Environment), 사회(Society), 거버넌스(Governance)를 의미하는 ESG가 건전한 비즈니스 관행과 동의어가 되고 있다. 기업이 윤리적이고 책임감 있는 길을 모색하는 이런 시도는 향후 비즈니스 세계를 형성할 핵심 트렌드가 될 것이다.

기업은 단순히 피해를 줄이는 것을 넘어, 환경과 생태계를 적극적으로 복원하는 데 수많은 인센티브가 있다는 사실을 이해해야 한다. 그 배경에는 여러 혁신 기술이 자리하고 있다. 예를 들어 기업이 환경을 생각해 '재활용 솔루션'을 개발하면 원자재를 재사용함으로써 재료 구매 비용을 절감할 수 있다. 또 이전에는 버려지던 폐기물을 수익 창출의 자원으로 변환해 수익성을 올릴 수도 있다. 생물 다양성을 보존하기 위한 노력도 '생명공학' 기술을 통하면 신약 개발과 인공 화합물 획득의 기회로 탈바꿈한다. 이러한 시도는 장기적으로 기업이 바이오 자원을 확보할 수 있게 한다. 온실가스를 흡수하는 '재생 농업'을 활용하는 기업은 친환경 농산물 시장에서 프리미엄을 얻을 수 있으며, 농산물의 품질과 수확량을 안정적으로 유지할 수 있다. '탄소 포집' 기술이 있는 기업은 탄소배출권을 판매해 직접적인 수익을 창출할 수도 있다. 또 세금 감면과 보조금 등 정부의 인센티브도 있다. ESG를 추구하는 이런 모든 시도가 지속 가능한 브랜드 이미지를 제고하는 데 도움을 주는 것은 물론이다.

이러한 패러다임 전환을 수용하는 기업은 점점 더 환경문제에 관심을 높여가는 소비자의 요구에 부응하며 시장에서 경쟁우위를 점할 것이다. ESG는 국제 무역 관계는 물론 글로벌 권력 역학 전반에 걸쳐 중요한 요인으로 자리 잡을 예정이다. 환경과 사회문제를 우선시하는 많은 국가에 있어 ESG를 추구하는 기업은 매력적인 협력 파트너일 수밖에 없다. ESG를 준수하고 이에 적극적으로 참여하는 것은 기업의 수익과 성장을 넘어 '생존'에 가장 중요한 요건이 될 것이다.

FUTURE OF JOB

기술패권 경쟁 시대의
한국

지정학의 시대에서 기정학의 시대로

기술력은 어떻게 무기가 되는가

미국 예일대학교의 사학자 폴 케네디Paul Kennedy는 1987년 저술한 그의 역작《강대국의 흥망The Rise and Fall of the Great Powers》에서 강대국의 부상과 쇠퇴의 이유를 설명한 바 있다. 케네디는 16세기부터 20세기까지 강대국 부상의 요인을 자원과 경제적 내구성으로, 쇠퇴의 요인을 군비 증강과 그로 인한 경제력 악화로 보았다. 케네디 외에도 많은 전문가들이 강대국의 조건으로 영토와 자원, 인구 등의 하드웨어적 요소와 정치, 문화, 금융, 경제, 특허 시스템 등의 소프트웨어적 요소를 꼽았다.

그런데 최근 들어서는 '기술패권'이라는 개념이 국제정치와 경제의 주요 화두로 부상하고 있다. 조 바이든 전 미국 대통령은 중국과의 기술패권 경쟁을 공식적으로 선언했으며 반도체, 배터리 등 핵심 품목의 공급망 재편을 위해 동맹국과 협력하겠다고 밝혔다. 이러한 배경에는 중국의 경제력과 군사력이 미국의 패권적 지위를 위협할 만큼 성장했다는 사실이 있다. 물론 성장의 밑바탕에는 중국 과학기술의 급격한 발전이 자리 잡고 있다. 미국은 중국의 기술력 강화를 잠재적 위협이 아닌 실질적 위협으로 인식하고 있다. 특히 반도체는 산업을 넘어 군사력에도 직결되는 기술인 만큼, 긴장은 경제를 넘어 안보와 동맹의 영역까지 확대된다. 이러한 맥락에서 바이든 대통령은 한국과 미국, 대만, 일본을 아우르는 '칩4 동맹'을 구축하자고 제안한 바 있다.

한국과 반도체 협력을 약속하는 조 바이든 전 미국 대통령

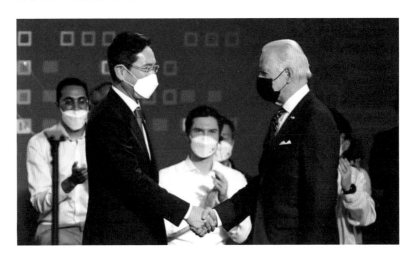

한국, 일본, 대만은 미국의 잠재적 적국으로 분류되는 중국과 러시아를 마주하고 있어 지정학적으로 미국에 매우 중요한 국가들이다. 공교롭게도 이들 3개국은 미국과 함께 전 세계 첨단 반도체 생산의 대부분을 담당하고 있다. 반도체라는 첨단기술의 보유 유무가 '기술 동맹'을 가를 정도로 국가 간 관계에서 결정적 역할을 하게 된 것이다. 중국이 대만을 침공할 경우 안정적인 반도체 공급을 위해서라도 미국이 대만을 방어해야 한다는 이야기가 나올 정도다. 그만큼 기술력은 점점 더 국제관계의 핵심 요인으로 부상하는 중이다.

패권 경쟁의 소용돌이 속 한국

'지정학(Geopolitics)'은 국제관계의 한 분과 학문으로 지리적 조건이 국가 이익이나 국가 간의 관계에 어떻게 작용하는지 연구한다. 한 국가가 어디에 위치하고 있는지, 대륙국가인지 아니면 해양국가인지 등에 따라 그 나라의 흥망성쇠가 좌우될 수 있다는 논리다. 역사적으로 많은 국가가 지정학적 위치를 기반으로 국가의 이익을 도모했으며 관련 사례는 열거할 수 없을 정도로 많다.

만약 한반도가 아프리카 대륙에 위치했다면 과연 대한민국은 오늘날과 같은 발전을 이룩할 수 있었을까? 우리나라 운명의 많은 부분이 '여기' 한반도에 있다는 사실에 비롯해 결정됐다. 오늘날 대한민국의 성장과 발전을 논할 때 미국이라는 초강대국을 빼놓을 수 없을 것이다. 한반도는 중국과 러시아 그리고 일본이라는 세계적 강대국 사이에 위치해 있다. 미국은 제2차 세계대전 이후 중국과 소련 공산주의 세력 확산을 막기 위해 고군분투했다. 한반도는 공산주의 확산을 막아주는 방파제 역할을 하고 있었으며, 패권국 미국은 한반도의 지정학적 가치를 누구보다 잘 인지하고 있었다. 대한민국이 공산화되면 바로 일본이 위협을 받을 것이며, 일본까지 공산화될 경우 미국은 태평양 서쪽을 모두 잃게 될 거라는 사실을 말이다. 이러한 이유로 미국은 한국전쟁 때 3만 6,574명의 자국 젊은이를 희생했으며, 한미상호방위조약을 체결하고, 자국 시장을 개방해 한국의 물건을 사주었다. 지정학은 그만큼 한 국가의 존망에 결정적이다.

그런데 최근 미중 간 기술패권 경쟁이 격화됨에 따라 국제관계에 있어 지정학적 가치를 상쇄할 수 있는 중요한 가치가 새로이 대두되고 있다. 바로 '기정학技政學(Techno-politics)'의 부상이다. 이제는 기술이 힘을 결정한다. 오늘날 미국과 중국 등 초강대국은 경제적·군사적 패권을 유지하고 획득하기 위해 첨단기술 확보에 범국가적 노력을 경주하고 있다. 첨단기술의 확보 여부가 경제는 물론 군사와 안보, 국가 간 동맹에 이르기까지 핵심적인 변인으로 작용하고 있기 때문이다. 군사적 수단을 통해 달성하고자 하는 목적, 경제적 수단을 통해 달성하고자 하는 목적, 그리고 기술적 수단을 통해 달성하고자 하는 목적은 본질적으로 동일하다. 바로 국가 이익의 극대화다.

앞서 언급했듯 미국은 일찍이 중국과의 기술패권 경쟁을 선언하고 핵심 품목의 공급망 재편을 위해 동맹국과 협력하고 있다. 일본도 미국, 대만과 기술 동맹을 강화하는 중이다. 일본은 소부장(소재·부품·장비) 기술을 기술 동맹의 전략적 지렛대로 활용할 계획이다. 호주도 2021년 총리실 산하에 전략기술정책조정실을 설립하고 쿼드Quad(미국, 일본, 호주, 인도의 안보 협의체)에 참여함으로써 첨단기술과 자원의 공급망 안정화를 추구하고 있다.

바야흐로 국가 간의 관계가 지정학적 관계에서 기정학적 관계로 전환되고 있다. 특히 우리나라는 격화되는 미중 간 기술패권 경쟁의 한가운데에 서 있다. 반도체는 물론 배터리와 통신 분야의 첨단기술을 갖고 있는 우리나라로서는 기술주권 확보의 중요성이 그 어느 때보다 커졌다. 현재 국가 전략기술로 평가되는 반도체, 배터리를 넘어 미래의 국가 전략기술 확보를 위한 선제적인 고민과 대응이 필요한 이유다. 한국에 살아가는 우리의 일과 직업, 일상과 안전까지 이 미래 기술에 달렸다.

세계는 지금 '인재 전쟁' 중

핵심은 인재 확보다

현재 글로벌 차원에서 진행되고 있는 기술패권 경쟁은 '인재 유치 경쟁'이라고 해도 과언이 아니다. 미중을 포함한 세계 각국은 우수 인재 유치를 위해 혈안이 되어 있으며, 세계는 인재를 두고 전쟁에 돌입한 상태다.

2022년 과학기술정보통신부에서 지정한 12대 국가 전략기술은 우리나라에만 전략적인 기술이 아니다. 다른 나라도 사활을 걸고 확보하려는 전략기술이다. 예를 들어 글로벌 공급망 안정화 차원에서 반도체 제조 역량 강화를 전략적 목표로 삼은 미국의 경우, 글로벌 인재의 블랙홀 역할을 하고 있다. 미국은 '반도체법(Chips Act)'을 통해 반도체 인력 양성을 적극적으로 강조하고 있다. 다른 나라도 상황은 비슷한데, 독일도 반도체 인재 유치를 위해 '이주노동자 유치법'까지 통과시켰다.

기술패권 경쟁 시대에 반도체의 역할이 중요해짐에 따라 일본 반도체도 부활의 몸짓을 하고 있다. 일본은 1980년대만 해도 세계 반도체 시장을 주름잡던 절대 강자였다. 1988년 일본의 전 세계 반도체 시장 점유율은 50%가 넘었으며, 1992년 전 세계 10대 반도체 기업 가운데 일본 기업이 5개나 포진하고 있었다. 그러나 1990년대 이후 일본의 반도체 산업은 쇠퇴의 길을 걸었다. '미일 반도체 협정'으로 일본 반도체 가격이 억제되어 수익성을 잃은 데다, '플라자 합의'로 엔화가 급격히 절상되며 수출 경쟁력이 약해졌기 때문이다. 그런데 역설적이게도 일본 반도체 산업의 몰락을 이끌었던 미국이 이번에는 부활의 견인차 역할을 하고 있다. 중국과의 반도체 패권 경쟁에 일본이라는 동맹국의 협조가 필요하기 때문이다. 일본 정부도 이에 적극적으로 호응해 발 빠르게 움직이고 있다. 기시다 정부는 일본에 투자하는 외국 반도체 기업들에 대해 천문학적인 보조금 지원을 약속했다.

문제는 일본의 이러한 계획에도 불구하고 일본 내에 반도체 개발과 생산을 담당할 인력이 턱없이 부족하다는 데 있다. 일본 정부는 도쿄 지역 대학의 규제까지 풀어가면서 반도체 인력 양성에 전력을 다하고 있지만, 단시일에 성과를 거두기는 쉽지 않을 전망이다. 반도체는 자본을 투입하고 제조설비만 늘린다고 해서 바로 경쟁력이 갖춰지는 것이 아니며 충분히 훈련된 엔지니어와 기술자가 필요하기 때문이다. 실례로 대만의 TSMC는 숙련 인력이 부족하다는 이유로 미국 애리조나에 건설 중인 공장의 가동을 연기하겠다고 발표한 바 있다. 일본 역시 상황이 비슷하다.

일본은 1990년대 이후 반도체 산업이 쇠락하면서 많은 전문 인력이 국외로 빠져나갔다고 한다. 그리고 이러한 공백을 메울 인력 양성 또한 오랜 기간 제대로 이루어지지 않았다. 카이스트에서 반도체를 연구 중인 한 교수에 따르면, 1980년대까지만 하더라도 일본 대학의 반도체학과 연구실은 학생들로 북적였다고 한다. 그런데 최근에는 일본 대학에

인력 부족에 시달리는 일본 반도체 산업. 사진은 소니의 구마모토 기술센터. ━━

━━ 출처_Sony

서 반도체를 연구하는 대학원생을 거의 찾아볼 수 없다 말했다. 반도체 산업은 기술적 진입장벽이 높아 단기간에 인력을 키워내기가 어렵다. 결국 인재를 양성하지 않은 대가가 오늘날 일본 반도체 산업 부활의 최대 걸림돌로 작용하고 있는 것이다.

줄줄이 해외로 빠져나가는 한국의 인재

일본의 사례는 우리나라에 시사하는 바가 크다. 세계적인 경쟁력을 가진 한국 반도체 산업도 인재 양성을 게을리 하면 한순간에 나락으로 떨어질 수 있다. 그런데 인재를 양성하는 것보다 더 중요한 일이 있다. 바로 양성한 인재를 '지키는' 것이다. 물론 많은 예산과 노력이 필요하다. 현재 전 세계적인 반도체 생산설비 확충으로 인해 인재 확보 경쟁이 치열해지고 있다. 반도체 분야에서 세계적 권위자인 카이스트의 한 교수는 "애써 키워놓은 인재를 미국에 다 빼앗기고 있지만 붙들 방도가 없다"며 아쉬움을 전했다. 이는 비단 반도체뿐만 아니라 국가 전략기술과 산업의 거의 모든 영역에서 일어나는 일이다. 고급 두뇌들이 유출되고 있는 것이다. 지난 10여 년간 해외로 빠져나간 이공계 인재의 숫자가 30만 명이 넘는다는 통계도 존재한다.[13] 요즘은 그나마 국내에 있는 인재가 전부 의사 직군에 몰리는 것도 문제다. 장래가 촉망되는 젊은 연구자뿐만 아니라 경험과 노하우가 쌓인 은퇴 연구자도 속속들이 해외로 빠져나가고 있다. 국가적으로 커다란 손해가 아닐 수 없다. 물론 개인의 입장에서는 본인이 기술과 노하우를 갖춘 인재라면 전 세계의 직장을 옵션으로 고려할 수 있다는 이야기도 된다. 인력이 부족한 만큼 대우도 더 좋아질 것이다.

앞으로는 연구자를 포함해 숙련된 엔지니어, 기술자 등의 해외 유출이 더욱 가속화될 가능성이 높다. 이러한 추세는 대한민국의 산업과 경제의 근간을 뒤흔들 심각한 위기로 작용할 수 있다. 전문 기술인력의 양성, 유지, 유치에 대한 종합적인 전략과 계획이 절실한 상황이다. 기업과 정부는 고급 인재를 확보하기 위해 급여를 개선하고, 자율적인 근무·연구 환경을 갖춰야 할 것이다. 결국 인재야말로 한국이 글로벌 기술패권 경쟁에서 전략적 우위를 점할 수 있는 핵심 요인이기 때문이다.

한편 우리도 해외의 우수 인재를 적극 유치해야 한다. 부족한 인재 문제를 해결할 수 있는 하나의 대안이 될 수 있기 때문이다. 미국, 유럽, 일본, 싱가포르 등 모든 국가들이 우수 인재 획득을 위해 사활을 걸고 있다. 고숙련 전문가, 비즈니스 리더 등의 인력도 유치 대상이지만, 우수한 과학기술 인재를 확보하는 것이 이들 국가의 최우선 목표다. 그렇다면 대한민국은 과연 외국 과학기술 인재들에게 매력적인 곳일까? 외국 인재가 자신들의 전문성을 인정받고, 능력을 발휘하고, 그에 합당한 대우를 받을 수 있을까? 이들에 대한 처우는 차치하더라도 주거나 자녀교육 등 정주환경은 주요국과 비교해 많이 부족한 것이 사실이다. 무엇보다 비영어권이라는 것이 외국 인재 유치에 큰 핸디캡으로 작용하고 있다. 인재를 획득하는 데 구조적인 한계가 있는 것이다.

따라서 정부 입장에서 현실적이면서도 효율적인 대안은 외국의 우수 '학생'을 한국에 유치해 우리의 인재로 활용하는 것이다. 먼저 국내에서 공부하고 있는 우수한 과학기술 인재를 정착시키는 방안이 요구된다. 현재 카이스트에서는 석·박사 학위를 취득한 외국인 학생에게 총장 추천을 통해 거주 자격을 주는 제도를 시행하고 있다. 이후 연구 성과에 따라 대한민국 국적을 부여받을 수 있는 이른바 '과학기술 우수 인재 영주·귀화 패스트트랙' 제도도 있다. 여기에 더해 나이가 어리면 어릴수록 한국사회에 적응하기 쉬운 만큼, 앞으로는 과학영재고와 대학 학부에서도 외국 인재 유치를 위한 노력을 강화해야만 한다.

기술패권 경쟁의 시대에 기술력은 곧 힘이고, 그 힘은 인재에게서 나온다. 각국이 전쟁을 방불케 하는 인재 유치 경쟁을 벌이는 만큼, 자신이 그 인재라면 국경을 넘어 모셔가려는 손도 적지 않을 것이다. 반면 정부와 기업 입장에서는 이러한 인재를 붙잡아두기 위해 더욱 적극적이고 실질적인 노력을 해야 할 것이다. 시간이 흘러 부활의 기회가 찾아온 일본 반도체 산업이 정작 인재를 찾지 못해 난항을 겪고 있는 현실을, 우리는 새겨둘 필요가 있다.

Part

3

미래 유망 산업과 직업

FUTURE OF JOB

사라진,
그리고 사라질 직업

자동화의 위협과 직업의 흥망

역사적으로 인간은 늘 새로운 기계를 고안했으며 자동화를 통해 고된 노동으로부터 해방될 수 있었다. 세탁기와 재봉틀의 발명이 주부의 가사 노동을 상당 부분 덜어준 것처럼 말이다. 단순하고 반복적인 노동이 자동화되면서 인간은 보다 창의적이고 생산적인 일에 집중할 수 있었다. 최근의 기술 진보는 우리가 상상할 수 없을 정도로 빠르게 진화하고 있다. 특히 컴퓨터 성능의 비약적인 발전과 AI 기술의 진화는 파괴적 혁신을 가속화하고 있다. 기계는 인간보다 빠르게 일할 수 있을 뿐만 아니라 지치지 않고 24시간 일한다. 그동안 인간이 수행해왔던 여러 일들을 기계가 빠르게 대체하고 있다. 이는 정형화된 일에서부터 회계,

법무, 의료 등 전문적인 영역으로까지 그 범위를 급속히 확장 중이다.

2013년 옥스퍼드대학교 마틴스쿨의 칼 프레이Carl Benedikt Frey와 마이클 오스본Michael A. Osborne 교수는 〈고용의 미래the Future of Employment〉라는 논문을 발표해 화제가 된 적이 있다. 당시 프레이와 오스본은 702개의 세부 직업을 조사해 기술 발전에 따른 자동화로 향후 20년 안에 일자리의 47%가 사라질 가능성이 있다고 지적했다. 2015년 일본의 노무라 종합연구소에서 오스본 교수와 함께 일본 내 직업을 대상으로 유사한 조사를 진행한 결과, 일본에서도 49%의 노동인구가 10~20년 후에 기계에 의해 대체될 가능성이 높다는 결과가 나왔다. 두 연구조사의 기본적 관심은 일에 필요한 인간의 '숙련(Skill)'이 기계에 의해 얼마나 자동화될 수 있는가였다. 즉 일을 하는 데 필요한 숙련도가 적을수록 기계에 의해 대체될 가능성이 높다고 본 것이다.

기계화와 자동화가 인간의 일자리를 대체할 것이라는 우려도 있지만, 기술 진보 덕에 새로운 일과 직업이 탄생하기도 한다. 한국고용정보원에서 2020년 발간한 〈한국직업사전〉에 의하면 8년 전과 비교할 때 기술 및 산업구조의 변화로 사라진 직업도 있지만, 생겨난 직업도 있는 것으로 나타났다. 2020년판 〈한국직업사전 통합본〉에는 2012년 대비무려 5,236개나 늘어난 총 1만 6,891개의 직업이 수록되어 있다. 특히신생 직업 중 다수가 4차 산업혁명에 따른 생산과 제조 패러다임의 변화, 고령화·저출생 등 인구통계적 변화, 전문화 및 사회환경 변화, 정부정책제도 변화와 관련되어 있었다. 반면 사라진 직업은 기술 혁신과 자동화로 인간의 노동력이 필요하지 않게 된 경우도 있고, 사회와 가치관의 변화로 인해 시대가 더 이상 관련 직업을 요구하지 않게 된 경우도 있다. 이처럼 일과 직업은 우리 사회에 맞춰 늘 변화하는 존재다. 지금부터는 과거에는 있었으나 현재 사라진 직업, 가까운 미래에 사라질 직업, 앞으로도 유망할 직업 등 다양한 직업의 세계를 탐색해보려 한다.

과거에 있었으나 현재는 사라진 직업

과거에는 있었으나 현재는 존재하지 않는 직업에는 어떤 것이 있을까? 대표적인 직업 중 하나가 '전화 교환원'이다. 전화 교환원은 자동 연결이 불가능했던 수동식 전화를 교환해 상대방에게 연결해주는 일을 수행했다. 모르는 번호가 있어 114에 전화를 해본 경험이 있는 사람이라면 알 것이다. 당시 전화 교환원은 각종 전화통화 교환 업무 및 전화번호 안내 등 통화를 하기 위해 없어서는 안 될 존재였다. 그러나 지금 이런 직업은 없다. 또 어떤 것이 있을까? 버스 차장으로도 불렸던 '버스 안내양'은 요금을 받고 승객에게 하차지를 안내하는 역할을 했다. 버스 안내양 역시 승객이 직접 요금함에 요금을 넣고 승차하는 시스템이 생기고, 안내방송이 정류장을 알려주게 되면서 사라졌다. 비슷하게는 '엘리베이터 안내원'이 있다. 문을 수동으로 여닫고 손님이 원하는 층으로 안내하는 역할을 했던 엘리베이터 안내원은 1980년대 후반까지만 해도 큰 빌딩이나 백화점에 가면 볼 수 있었다. 그러나 현재는 엘리베이터 안내원이라는 직업 자체가 존재하지 않는다.

　기술 진보와 자동화로 사라진 또 하나의 직업이 '타자원'이다. 1940
년대까지만 하더라도 타자원은 출판, 행정, 사무 등의 분야에서 인기 있
는 직업이었다. 그러나 PC가 대중화되고 대다수의 개인이 자판을 다룰
줄 알게 되면서 역사 속으로 자취를 감추게 되었다. 극장 간판을 그리
는 직업도 프린터로 대형 실사 출력이 가능해진 1990년대부터 설자리

지금은 사라져버린 극장의 그림 간판 ─────────

를 잃었다. 지금은 출력뿐만 아니라 편집 작업도 컴퓨터가 한다. 과거에는 이런 모든 과정이 수작업으로 이루어졌으며 극장마다 간판 포스터를 그릴 수 있는 작업사가 존재했다.

과거 사라진 직업들은 모두 고된 일이거나 기계가 충분히 할 수 있는 단순하고 반복적인 일이라는 공통점을 갖고 있다. 전화기, 버스, 엘리베이터 등은 설치된 숫자 자체가 많아지면서 서비스의 희소성이 떨어진 것도 있겠지만, 사람들의 소득이 높아지고 인건비가 오르면서 노동력이 기계로 대체된 이유도 있다.

현재 사라지고 있는 직업

프레이와 오스본의 화제성 논문이 발표된 지도 10년이 지났다. 그들은 컴퓨터와 센서 기술의 진화와 보급이 일자리 소멸의 주요 원인이라고 지적했다. 이들이 예측한 바와 같이 자동화 기술의 도입으로 많은 일자리가 축소되거나 사라지고 있다. 아직은 존재하고 있지만 사라져가는 직업을 몇 가지만 예시로 살펴보자.

최근 들어 급격히 사라지고 있는 업무 가운데 하나가 접수 및 출납과 관련된 일이다. '은행 출납창구 사무원'도 그 중 하나다. 요즘 예·출금을 위해 은행 창구 사무원을 찾는 사람은 거의 찾아보기가 어렵다. 1969년 뉴욕 록빌 센터에 최초의 ATM이 개설된 이후 이러한 추세는 지속되어 왔다. 큰 금액을 제외하고는 대다수가 ATM 머신에서 돈을 찾고, 은행 앱이나 모바일 뱅킹으로 돈을 송금하거나 계좌 이체를 한다. 심지어 요즘은 대출과 외환 거래까지 모바일로 해결하는 경우가 많다. 아직은 직접 은행을 찾는 사람이 있지만 조만간 모든 업무가 자동화 서비스로 대체될 것이다.

판매원은 어떨까? '캐시어'라고도 하는 소매점 판매원도 사라져가는 직업이다. 몇 년 전 미국에 아마존 고Amazon Go라고 하는, 아마존에서 운영하는 무인 슈퍼마켓이 생겼다. 이곳에서는 AI를 적용해 계산대를 통과하지 않고도 계산을 할 수 있다. 은행 창구 업무를 자동화할 수 있는 것처럼 편의점 등의 소매점은 지속적으로 무인화되는 중이다. 실제로 키오스크KIOSK라 불리는 자동화 접수 및 결제 시스템이나 셀프 서비스 계산대를 도입하는 점포가 늘고 있다. 이제는 점포에 사람이 없어도 얼마든지 상품을 구입하거나 판매할 수 있다. 스마트폰을 통한 통신판매 시장의 확대도 캐시어가 사라질 수밖에 없는 이유 중 하나다. 미래에는 점포 자체가 필요 없게 될 가능성도 있다. 셀프 서비스 계산대는 이미 슈퍼마켓 체인과 맥도널드 같은 패스트푸드 레스토랑에서도 흔히 볼 수 있는 만큼 캐시어의 소멸은 불가피해 보인다.

하나 더 살펴보자. 최근 들어 셀프 주유소가 부쩍 늘면서 주유원이 직접 서비스하는 주유소를 만나기가 쉽지 않다. 셀프 주유소의 확산은 기술 진보의 영향이라기보다는 인건비 상승과 직접 주유하기를 선호하는 사람들의 성향이 더해진 결과다. 주유원은 과거 엘리베이터 안내원과 같은 운명을 맞이하고 있다. 주차장을 가도 상황이 비슷하다. 과거에

출처_대경전자시스템 홈페이지

는 주차요금을 받는 사람이 주차장에 상주했으나 주차권의 발권과 계산도 대부분 자동화되었다. 주차 요금 징수자가 사라진 것은 기술 발전과 인건비 상승이 동시에 작용한 경우다.

가까운 미래에 사라질 직업

자동화는 판매, 접수, 출납을 담당하는 단순한 업무에만 국한된 것은 아니다. 번역, 회계, 의료 및 법률 서비스 등 전문 분야의 직업들도 자동화의 거대한 흐름으로부터 자유롭지 못하다. 가까운 미래에 사라질 수 있는 직업들을 몇 가지 살펴보자.

텔레마케터 및 응대원

누구나 한 번쯤은 바쁜 업무 시간 중 성가시고 원치 않는 판매 전화를 받아본 경험이 있을 것이다. 최근에는 녹음된 음성으로 전화가 걸려오기도 한다. 많은 텔레마케팅 회사가 상담원 고용 비용을 줄이고, 기계로 밤낮없이 고객에게 상품을 판매할 수 있는 시스템을 채택하고 있다. 고객 대응 서비스도 지능형 챗봇으로 급속히 전환되고 있으며, 서비스에 대한 만족도도 높은 편이다. 텔레마케터나 응대원의 설자리도 그 만큼 좁아질 수밖에 없다. 그럼에도 불구하고 보험, 대출 등과 관련한 전화벨은 계속 울릴 것이다.

번역가와 통역사

얼마 전 국내 한 기업에서 휴대폰에 AI 통번역 시스템을 탑재해 출시했다. 통화 중 실시간 통역과 문자 번역 등이 가능해 각자의 언어로 실시간 대화를 이어가는 데 큰 문제가 없다고 한다. 아직 보완돼야 할 부분이 많지만, 언어의 장벽이 허물어질 수 있다는 신선한 충격을 주기에는 충분했다. 생성형 LLM 모델의 진화는 통번역 업무의 많은 부분을 자동화할 수 있게 해주고 있다. 특히 일상적이고 반복적인 번역 작업에서는 AI가 상당히 유용하다. 번역과 통역을 업으로 하는 전문가의 일까지 AI가 대체할 날도 먼 미래는 아닐 것이다. 물론 의료, 법률, 특정 학문 등 전문 분야에 대한 깊은 이해와 지식을 갖춘 전문 통번역사의 수요는 당분간 지속될 것으로 보인다. 기술 발전은 통번역사의 역할을 변화시키겠지만 인간 통번역사의 수요는 여전히 남아 있을 수 있다.

AI 통번역 기능을 지원하는 스마트폰

나만을 위한 통역사

현지인에게 맛집 추천을 받고 싶나요? 걱정하지 마세요!
주머니 속에 통역사가 있으니까요. Wi-Fi가 없는 비행기
모드에서도 통역 서비스를 즐길 수 있죠.³

* 연출된 장면으로 실 사용 시 차이가 있을 수 있습니다.
* 실 사용 환경에 따라 통역에 일부 시간이 소요될 수 있습니다.

Hola, hay un
restaurante famoso al
otro lado.

Spanish
español

통역 기능 사용법

Hello, there's a famous
restaurant on the other
side.

출처_삼성전자 갤럭시S24 홍보페이지

법무 비서

기술은 이미 법률 분야의 많은 일자리를 자동화했다. 여기에는 법률 업무를 도와주는 법무사나 비서의 역할도 포함된다. '리걸테크Legaltech'로 알려진 법률(Legal)과 기술(Technology)의 결합은 AI, 빅데이터, 클라우드 컴퓨팅 기술이 발전하면서 가속화되고 있다. 특히 일반인의 법률 서비스 수요가 확대됨에 따라 고객 경험 개선과 법률 서비스의 효율성 제고, 서비스의 질적 향상이 기대되고 있다. 실제로 국내 대형 로펌인 김앤장, 광장, 화우 등도 법률 AI 서비스 개발에 착수했다. 최근 딜로이트 보고서에 따르면 법률 업계가 리걸테크를 도입하기 시작해 향후 20년 동안 10만 개 이상의 관련 일자리가 자동화될 수 있다고 한다.[14] 그간 법률 비서가 수행하던 업무의 상당 부분을 리걸테크로 대체할 수 있어 법무사나 비서의 숫자는 크게 줄어들 것으로 전망된다.

트럭, 버스, 택시 운전사

지난 십수 년 동안 전통적인 자동차 제조업체뿐 아니라 많은 빅테크 기업이 운전을 자동화하기 위해 노력하고 있다. 만약 운전 자동화에 성공한다면 트럭이나 택시, 버스 등 다양한 차량의 운전을 AI가 수행하게 될 것이다. 지금도 가속 및 감속, 핸들 조작을 자동으로 지원하는 기능, 충돌 위험을 감지하면 자동으로 멈추는 기능 등이 자동차에 탑재되고 있다. 이러한 기술들이 지속적으로 발전할 경우, 개인용 차량보다는 상업용 차량에 우선 적용될 것이다. 한국에서도 2024년 9월부터 서울시 강남구, 서초구 일대에서 자율주행 택시를 시범 운행하고 있다. 결국 트럭, 버스, 택시 운전사는 과거 자동차가 등장하면서 사라진 마부 같은 운명을 걷게 될 수밖에 없다.

서울시에서 시범 운행 중인 자율주행 택시 ━━━━━━━

━━━━━━━━━━━━━━━━━━━━━━━━ 출처_서울시

비행기 조종사

파일럿이라고 불리는 비행조종사는 한때 선망의 대상이었다. 그러나 AI와 머신러닝을 활용한 자율비행 시스템 기술의 발달로 비행기 조종도 무인화될 가능성이 있다. 자율비행 시스템은 항공기 조종사의 개입 없이도 비행, 이착륙, 경로 수정 등을 수행할 수 있다. 아울러 6G 및 위성통신 기술의 발전은 항공기와 지상 통제센터 간의 원활한 데이터 교환을 가능케 해 모니터링과 원격제어를 더욱 용이하게 하고 있다. 이미 무인 스텔스기의 항모 이착륙 시험이 성공해 그 가능성이 더욱 높아졌다. 예전에는 조종사, 부조종사 단 두 명의 인원만으로는 비행기 운전이 불가능했다. 항법사가 조종석 옆에서 일일이 속도를 계산하고 고도를 측정하는 역할을 했다. 기술 진보에 의해 항법사가 사라진 것처럼 머지않아 파일럿도 한 명으로 줄고, 향후에는 완전 무인화될 가능성도 크다.

스포츠 심판

스포츠 경기를 보면서 편파 판정이나 오심에 화를 내본 경험이 있는가? 미래의 스포츠 경기에서 인간 심판은 더 이상 존재하지 않을 수도 있다. FIFA(국제축구연맹)에서 '골라인 판독 기술'은 이미 표준이 되었고, VAR이라고 하는 비디오 판독 기술이 공식 경기에 도입되고 있다. 축구 외에 테니스, 탁구, 크리켓, 럭비 같은 타 구기종목에서도 오심 방지를 위해 이러한 기술이 활용된다. 스포츠 경기에는 이미 오래전부터 기술이 사용되어 왔으며, 인간 심판을 AI 심판이 대체하는 것도 먼 미래의 이야기는 아닐 것이다. AI 심판으로의 전환이 긍정적이고 스포츠 경기

출처_ Inside FIFA

의 오심을 줄일 거라 생각하는 사람들이 있다. 반면 경기 규칙은 해석의 여지가 있으며 오심도 경기의 일부라며 오히려 경기의 흥미를 더할 수 있다고 주장하는 사람도 있다. 이러한 논란에도 불구하고 기술은 향후에도 지속적으로 경기 판정에 활용될 것이다.

앞서 제시된 사라질 직업은 모두 자동화나 AI 기술 발전에 영향을 받는 일이라는 특징이 있다. 더 이상 사람의 손을 빌리지 않아도 기계가 할 수 있는, 심지어 더 저렴하게 수행할 영역들이다. 단순하고 반복적인 작업, 많은 양의 데이터를 찾아서 분석하는 작업은 기계가 인간보다 훨씬 더 빠르고, 정확하고, 저렴하게 수행할 수 있다. 앞서 살펴본 직업들은 아직 존재하는 일인 만큼, 자신의 상황에 비추어 위기감을 느낀 독자도 있을 것이다. 너무 비관할 필요도 없지만 현실을 외면해서도 안 된다. 자신의 일이 기계로 쉽게 자동화될 수 있는 일이라면 미래를 내 다보고 대책을 세워야 한다. 지금부터는 미래에도 남아 있을, 심지어는 더 유망해질 직업과 산업을 알아볼 것이다. 모두가 처한 상황은 다르겠 지만, 미래 직업에 대한 정보를 통해 주체적으로 자신의 미래를 설계할 실마리를 찾아보자.

미래에도 생존할 직업

미래에는 사라질 가능성이 높은 일도 있으나, 반대로 남아 있을 가 능성이 높은 일도 있다. 모든 일을 기계만으로 할 수 있는 것도 아니고, 오직 인간이기 때문에 할 수 있는 일도 많다. 미래를 정확히 예측할 수 는 없지만 많은 변화가 있으리라는 사실만은 분명하다. 변화에도 불구 하고 미래에도 생존할 가능성이 높은 직업들은 어떠한 공통점을 갖고 있는지 파악해보자.

보육사

아이를 돌보는 보육사는 미래에도 살아남을 것이다. 직접 양육을 해 본 사람은 알겠지만 아이는 언제 어디서 무엇을 할지 몰라 한시도 눈을 뗄 수 없다. 아이를 전담해 돌볼 수 있는 보육사가 필요한 이유다. 보육사의 일은 복잡하고, 때로 임기응변도 필요하기 때문에 매뉴얼을 만들기도 쉽지 않다. 물론 이 일 역시 기계 도입이 가능한 부분도 있다. 예를 들어 보육원 내 청소나 회계 처리, 아이들을 위한 교재 개발 등은 AI와 로봇의 진입 여지가 있다. 그러나 기계 도입이 가능한 업무는 한정적이며 모든 것이 대체될 가능성은 낮다. 무엇보다도 기계가 대신 할 수 없는 인간적인 따뜻함을 가지고 아이들을 대해야 하는 만큼 당분간 보육사라는 직업은 사라지지 않을 것이다.

간호사

간호사도 미래에 남아 있을 가능성이 높은 일 중 하나다. 간호사는 항상 환자의 상태를 점검하고 작은 변화도 인식하고 대처해야 한다. 또한 많은 환자를 돌보고 돌발적인 상황에 대응할 필요가 있어 업무가 단순하지 않다. 환자의 상태 점검뿐만 아니라 간호 업무도 수행해야 한다. 붕대를 바꾸고, 재활을 돕고, 어떤 경우에는 환자에게 정신적 지원을 하기도 한다. 그 어느 것도 기계에 어울리는 일이 아니다. 게다가 향후 고령화가 더욱 진행되면 간호사의 수요가 더 늘어날 수밖에 없다.

의사

의사의 일도 복잡한 작업이 많아 기계화가 어려운 만큼 생존할 가능성이 높다. 환자 진찰이나 수술 등은 모두 전문적인 의료기구를 이용한다. 숙련된 기술이 없으면 정교한 기구를 잘 다루기 어렵고, 그 정도로 정교한 움직임을 수행할 수 있는 기계는 아직까지는 찾아보기 힘들다.

━━━━━━━ 출처_Corindus CorPath

움직임이 복잡해질수록 기계 도입이 어렵기도 하고 애초에 정확한 수술을 위해서는 정확한 진단이 필요한데 이는 인간이 할 수 있는 일이다. 따라서 의사가 없어질 가능성은 아직 낮다. 현재 일부 수술에 로봇이 도입되고 있지만 그것은 어디까지나 의사를 지원하는 보조도구일 뿐 의사를 대신하는 것은 아니다. 수술과 진료를 로봇이 완전히 대체하기 어렵고, 무엇보다도 로봇에 인간의 생명이라는 무거운 책임을 맡길 수는 없을 것이다.

초중고 교원

학교 교육의 최전선에서 활약하고 있는 초중고 교원도 당분간 사라지지 않을 직업 중 하나다. 인격과 사회성 형성에 가장 중요한 초중고

12년이라는 중요한 시기는 '선생님'을 빼고 생각할 수 없기 때문이다. 학교는 단순히 공부만 가르치는 곳이 아니다. 한 사람으로서 자라나는 데 중요한 인간관계나 사회와의 소통 방식을 배우는 곳이기도 하다. 이러한 역할을 기계에 맡길 수 없으며, 아무리 AI가 발전한다고 해도 역시 인간을 키우는 것은 인간일 수밖에 없다.

다만 우리나라의 경우 급격한 학령인구 감소로 인해 교원 수를 줄여야 한다는 목소리가 높아지고 있다. 하지만 필자가 보기에 교원의 숫자를 줄이는 것은 잘못된 방향이다. 미래의 교사는 지식을 가르치는 것에서 각각의 아이들이 갖고 있는 재능을 발굴하고 이를 육성하는 것으로 교육의 목표가 바뀌어야 한다. 모든 사람은 각자의 재능을 갖고 태어난다. 수학이나 과학에는 자질이 없지만 어학이나 문학은 잘할 수 있고, 예술과 운동에 재능이 있을 수도 있다. 혹은 학교 공부에는 관심이 없지만 뛰어난 리더십으로 학우들 간의 갈등을 조정하고 화합을 끌어내는 재능이 있는 아이도 있다. 그런데 지금처럼 획일적인 교육 방식으로는 아이들이 가진 다양한 재능을 찾거나 개발하기 어렵다. 따라서 교사 양성의 방향도 재능을 발굴하고 육성할 수 있는 역량에 초점이 맞춰질 가능성이 높다.

예술 분야

예술 등 창조적 분야의 일은 향후에도 사라질 가능성이 적다. 예술에 종사하는 사람들은 무에서 유를 낳는 일을 한다. 완전히 새로운 것을 만들지 않고 편집적인 작품을 만들더라도 거기에는 인간 고유의 경험과 성격, 개성, 철학이 얽힌 독특한 아우라가 담긴다. 예술 분야에서 기계가 인간을 대체하게 되면 그 창작물의 가치는 떨어질 것이며, 더 이상 예술이라고 말하기 어렵다. 예술은 어디까지나 인간 내면의 무한한 가능성과 심미적 감수성을 깊이 끌어내야만 하는 일이기 때문이다. 물론 급속한 AI 기술의 발달로 기계가 인간의 창조적인 영역에 조금은 다가설 수 있을 것이다. 그러나 인간이 지닌 재능과 심미적 감수성은 기계가 절대로 흉내 낼 수 없다. 현재 각광받는 초거대 AI의 명칭이 '창조형(Creative)' AI가 아니라 '생성형(Generative)' AI임을 곱씹어 볼 필요가 있다. AI는 기존에 있는 것들을 조합해 생성해낼 뿐이다.

법률 전문가(변호사, 판사)

사람 간의 이해와 갈등을 중재하는 능력이 요구되는 법률관계의 일은 향후에도 사라지지 않을 직업이다. 법률은 해석의 여지가 많아 기계에만 의존할 수 없으며, 기계는 특히 미묘한 인간의 감정이나 관계, 갈등 문제를 해결하기 어렵기 때문이다. 물론 변호사나 판사가 하는 업무 중 단순한 부분은 기계에 의해 급속히 자동화되고 있다. 예를 들어 판례 분석, 계약서 작성 등은 인간보다 기계가 훨씬 정확하고 저렴하게 진행할 수 있다. 실제로 지금도 IBM이 개발한 AI 변호사 로스Ross가 여러 법률 사무소에서 활용되고 있다. 그러나 송사 의뢰자의 불만과 걱정을 이해하고 납득시키고 안심시키는 등의 업무는 기계로 대체하기 어렵다.

성직자

　16세기 르네상스와 17세기 과학혁명, 그리고 18세기 산업혁명이 일어날 때마다 많은 사회학자들이 종교와 성직자가 사라질 것이라 예측했다. 그러나 21세기에도 종교는 여전히 존재하며, 오히려 종교적 근본주의는 그 세를 더해가고 있는 상황이다. 과학기술이 이전과 비교할 수 없을 정도로 발전했음에도 사람들은 여전히 심적으로 불안하고 사회적 고립감에 시달리기 때문이다. 종교와 성직자는 인간의 정신활동에 중요한 역할을 담당하고 있으며, 일정 부분 사회적 순기능에도 기여한다. 성직자라는 직업은 인류가 지속되는 한 사라지지 않는 몇 안 되는 직업 중 하나일 것이다.

미래에도 사라지지 않을 직업들은 인간의 감정, 감성, 정신을 다루거나 사람들의 이해관계와 갈등을 조정하고 설득하는 커뮤니케이션 및 공감 기능을 갖고 있다는 공통점이 있다. 사람의 마음을 움직이는 일은 인간만이 할 수 있으며, AI가 발전한다 하더라도 자동화되기 어려운 영역이다. 여기에서 소개한 직업 외에도 이러한 특징을 가진 일이라면 미래 사회에서도 경쟁력이 있을 것이다.

FUTURE OF JOB

시대가 만들어낼
'미래 유망' 직업

역사적으로 기술 진보는 인류의 문명을 한 시대에서 다른 시대로 견인하는 데 중요한 역할을 했다. 농경 기술의 발전은 수렵과 채집 경제가 중심이던 원시수렵사회를 농경사회로 전환했고, 그에 맞춰 새로운 형태의 일과 직업이 출현했다. 마찬가지로 동력혁명으로 대변되는 산업혁명이 일어나면서 경제는 농업 중심에서 공업 중심으로 전환되었다. 오늘날 우리가 알고 있는 많은 종류의 일과 직업이 산업혁명의 결과에 따른 것이다. 3차 기술혁명인 정보혁명은 다양한 서비스 산업과 지식정보 산업을 일으켰으며 이로 인해 새로운 많은 직업이 생겨나고 일하는 방식 또한 변했다. 현재 초거대 AI로 촉발된 기술혁명은 산업혁명과 정보혁명이 만들어낸 산업과 일자리를 대체할 수 있다.

기술 혁신과 더불어 인구구조 변화와 기후위기는 미래 사회를 견인하는 주요한 구조적 동인으로 새로운 비즈니스, 산업, 직업을 창출해낼 전망이다. 인구구조 변화는 전 세계적 현상이며 다양한 산업에 큰 영향을 미치고 있다. 특히 고령화는 헬스케어 및 의료 산업, 실버 산업, 로봇 및 자동화 산업, 금융 및 보험 산업, 주택 및 부동산 산업, 평생교육 및 학습 산업 등 여러 분야에 걸쳐 중요한 트렌드를 형성하고 있다. 기후위기 또한 마찬가지다. 인류는 현재 기후변화에 대응하기 위해 많은 노력을 기울이고 있으며, 다양한 관련 산업이 발전하고 있다. 재생에너지, 친환경 산업, 농업, 식품, 보험 및 금융에 이르기까지 기후변화 관련 산업은 인류의 지속 가능한 미래를 위해 중요한 역할을 할 것이다.

지금부터는 Part 2에서 다룬 세 가지 구조적 동인인 기술 진보, 인구구조 변화, 기후위기 각각이 형성할 구체적인 직업과 산업에 대해 알아보려 한다.

‘기술 진보’가 주도할 미래 유망 산업과 직업

유망 산업

AI와 빅데이터

거의 모든 산업에서 게임 체인저가 될 AI는 산업과 일자리 영역뿐 아니라, 그 발전 정도에 따라 인류의 문명을 바꾸는 역할을 할 수도 있다. AI 기술은 기존 산업과 접목되어 혁신적인 변화를 가져올 수 있으며, 새로운 비즈니스와 산업으로의 확장성도 매우 크다고 할 수 있다. 시장조사업체 마켓앤마켓에 따르면 AI와 빅데이터가 가장 큰 영향을 미칠 기존 산업을 헬스케어, 소매 및 전자상거래, 운수 및 물류 순으로 전망하고 있다.

그럼 실제 산업에서 AI는 어떻게 활용되고 있을까? 제조업 분야에

세계 AI 시장 규모 전망

(단위: 억 달러)	2021년	2022년	2023년	2024년	2025년	2026년	연평균 성장률
전체 시장	581	869	1,252	1,742	2,337	3,095	39.7%
금융	113	167	238	327	433	562	37.8%
IT	96	142	203	281	375	494	38.8%
소매/전자상거래	86	130	190	268	364	488	41.5%
헬스케어	82	125	182	257	350	475	42.1%
운수/물류	50	76	110	155	210	282	41.3%
공공	59	87	124	170	225	294	37.9%
제조	45	68	100	140	190	254	41.4%
에너지	38	57	82	115	154	204	39.9%
그 외	12	17	23	29	36	42	28.5%
성장률	54.1%	49.6%	44.1%	39.1%	34.2%	32.4%	

자료 출처_Markets and Markets, AI Market-Global Forecast To 2026, 2021

서는 AI에 힘입어 '스마트 제조' 형태가 두드러질 전망이다. 특히 '스마트팩토리'는 로봇과 AI 기술이 결합해 전 공정이 지능화된 시스템으로 운영되는 생산제조 플랫폼이다. 스마트팩토리의 등장은 제조업 분야에 이전과는 비교할 수 없는 생산성 혁신을 가져올 것으로 기대되고 있다. 생산라인 자동화로 효율성을 극대화할 수 있고 실시간으로 제품의 결함을 검출해 품질을 향상시킬 수도 있다. 그래서 제조 공장임에도 데이터 수집, 분석, 적용, 관리가 핵심 업무다. 한국에서는 현대차, 기아 등이 스마트팩토리를 통해 AI와 빅데이터를 생산에 활용하고 있다.

데이터를 잘 다루는 능력은 제조업뿐 아니라 서비스업에서도 중요하다. '판매' 분야에서도 AI는 고객 데이터를 분석해 개인화된 마케팅 전략을 수립하고, 맞춤형 제품을 추천할 때 활용된다. 또한 판매 및 수요 데이터에 기초해 재고를 최적화하고 공급망을 효율적으로 관리하는 데도 유용하다. '금융' 분야에서는 이미 AI가 광범위하게 활용되고 있다. 금융 데이터를 분석해 투자 전략을 수립하고, 자동화된 거래 시스템으로 금융 시장의 변동성에 빠르게 대응할 수도 있다. '헬스케어' 산업에서도 신약 개발에 AI가 활용된다. 새로운 약물 후보를 신속히 식별해 개발 과정을 단축시킬 수 있으며, 진단 및 치료에도 광범위하게 활용될 수 있기 때문이다. 이처럼 모든 산업에서 AI와 빅데이터가 혁신을 만들고 있으니 이 분야가 유망한 것도 당연하다. AI 전문가에 대한 수요는 지속될 것이며, 자신의 관심도에 따라 다양한 산업으로 뻗어나갈 수 있을 것이다.

초거대 생성형 AI와 LLM 모델

고성능의 기계학습을 구현하려면 많은 데이터와 엄청난 컴퓨터 용량이 필요하다. 특히 심화학습 기술의 경우 분야별로 빅데이터를 수집하고 가공하기 위해 많은 시간과 비용이 소요되는데, 그렇게 구현하더라도 학습된 모델을 다른 분야에 적용하기도 어렵다. 또한 기존의 심화학습은 인간과 깊이 있는 상호작용 없이 한 가지 모달(텍스트, 이미지, 음성, 영상 등의 데이터 양식)의 지능 영역만을 기반으로 데이터를 단순히 수집·가공했는데, 이런 학습 모델은 알파고처럼 명확한 규칙과 통제 가능한 환경에서는 성공적 결과를 냈으나 인간의 일상적 지능 활동과 지식을 넓혀가는 데는 한계를 보였다.

이러한 맥락에서 등장한 것이 생성형 AI에 기반한 챗GPT다. 인간과 유사한 텍스트를 생성하는 챗GPT의 등장은 이전과는 차원이 다른 AI의 진화를 보여주는 중대한 사건이었다. 일부 AI 연구자는 AI 기술의 발전을 BC(Before 챗GPT)와 AC(After 챗GPT)로 구분할 정도다. 생성형 AI 기술은 자고 일어나면 새로운 기술이 나올 정도로 그 발전 속도가 어마어마하다.

초거대 생성형 AI에 주목해야 할 가장 큰 이유는 AI가 새로운 데이터를 스스로 생성해낼 수 있다는 데 있다. 짧은 시간 내에 텍스트, 이미지, 음성, 영상도 쉽게 만들어낸다. 특정 분야의 전문가가 아니더라도 생성형 AI를 활용하면 전문가 못지않은 결과물을 낼 수 있다. 이러한 변화는 다양한 영역에서 소수의 전문가에게 국한되어 있던 경험과 능력이 다수에게로 확장될 수 있음을 시사한다. 또한 인간의 역량으로는 찾아낼 수 없던 새로운 물질이나 원리, 사업에 대한 기회도 발견할 수 있다.

시장조사업체 가트너는 2025년에 '신약과 신소재' 제품 개발의 30%가 초거대 생성형 AI 기술을 이용할 것으로 전망하고 있다. 초거대 생성형 AI를 활용한 '마케팅' 역시 2022년에는 그 비율이 2%에 불과했지만, 2025년에는 30%까지 성장할 것으로 예상된다. 무엇보다도 초거대 생성형 AI는 '검색과 광고' 시장에 메가톤급 변화를 가져올 것이다. 정확한 검색은 물론 찾고자 하는 정보에 대한 대화형 설명까지 친절하게 제공해줄 수 있기 때문이다. 실제로 챗GPT는 2024년에 검색 기능을 공식적으로 출시하며 세계 최대의 검색 엔진인 구글과의 경쟁을 본격화했다.

초거대 생성형 AI가 강점을 드러낼 수 있는 '온라인 콘텐츠' 분야는 어떨까? 투자회사 베세머 벤처 파트너스에 따르면 현재 생성형 AI를 통해 창출되는 온라인 콘텐츠는 1% 미만이지만, 향후 10년 안에 온라인 콘텐츠의 최소 50%가 생성형 AI에 의해 창출되거나 증강될 것이라고 한다.[15] 온라인 콘텐츠를 전문적으로 생산하는 기업이나 전문가 외에도, 생성형 AI를 활용할 수 있는 아마추어들이 자신만의 독특하고 창의적인 아이디어로 콘텐츠 시장에 뛰어들 수 있다는 의미다. 이처럼 초거대 생성형 AI 기술은 여러 산업에서 새로운 비즈니스 기회를 창출할 잠재력을 지니고 있다.

인간과 더 가까워진 로봇

로봇은 이미 우리의 생활 속으로 깊숙이 파고들었으며, 많은 기업이 로봇에서 새로운 성장 기회를 찾고 있다. 이미 오래전부터 제조업 분야에서는 다양한 형태의 로봇을 도입해 조립, 포장, 용접 등에 활용하고 있다. 기계는 인간이 하기 힘들거나 어렵거나 더러운 작업에 투입되어 묵묵히 일을 수행한다. 로봇은 앞으로 일상생활에서 우리가 늘 해오던 일을 할 필요가 없게 만들어주는 존재로 발전할 것이다. 다만 SF영화에서 흔히 보던 의인화된 다재다능한 로봇의 탄생은 더 먼 미래의 이야기일 수 있다.

예전의 로봇 기술이 주로 기계공학에 의존했다면, 최근에는 유연한 소재를 기반으로 인체를 모방한 피부나 근육 등을 사용해 생체공학과 연계되면서 그 응용범위를 확장해 나가고 있다. 특히 로봇과 AI의 결합은 로봇을 보다 자율적이고 지능적인 형태로 변모시키는 중이다. 이제 로봇은 점점 더 인간과 닮아가며 인간과 상호작용할 수 있도록 진화하고 있다. 이러한 로봇의 기술적 진화는 돌봄 수요가 급증할 고령화 사회에서 중요한 역할을 할 것으로 기대된다. 로봇은 고령자의 이동과 일상생활을 도울 뿐만 아니라 반려로봇 역할을 수행할 수 있다. 또한 마찬가지로 고령화 사회에서 수요가 증가할 의료 분야에서도 진단과 수술, 재활까지 다양한 역할을 담당할 것으로 보인다.

일과 직업의 관점에서도 로봇은 중요한 변화를 가져올 것이다. 인간은 로봇과의 협업을 통해 효율성과 생산성을 향상시킬 수 있다. 예를 들어 보스턴 다이내믹스의 4족 보행 로봇 '스팟'은 공장 내에서 데이터를 수집하고 설비를 점검하는 등 다양한 업무를 수행하며 인간 작업자를 보조한다. 현대자동차 또한 같은 로봇을 공장에 투입해 탐사 업무를 맡길 계획이다.[16] 이처럼 로봇은 인간의 일자리를 대체하는 부분도 있겠지만, 인간을 도와 생산성과 안전성을 높이기도 한다. 로봇은 점점 더 인간이 사용하기 편리한 방향으로 발전하고 있으며, 비전문가도 쉽게 설정하고 운영할 수 있는 직관적인 소프트웨어가 개발되고 있다. 향후 로봇을 어떠한 방식으로 활용하는지의 여부가 곧 미래의 직업 능력을 가늠하는 중요한 요인이 될 수 있다.

4족 보행 로봇 '스팟' ────────────────────────

──────────────────────────── 출처_Boston Dynamics

3D 프린팅

3D 프린터의 큰 장점은 맞춤형의 다품종 소량 생산이 가능하며, 복잡한 형상도 제작이 가능해 제조비용을 낮출 수 있다는 데 있다. 뿐만 아니라 3D 프린팅 기술은 기존의 제조방식에 비해 탄소배출을 크게 절감할 수 있어 친환경 제조방식으로 각광받고 있다. 이미 3D 프린팅은 자동차, 의료, 항공우주 등 다양한 분야에 적용되고 있으며, 스마트팩토리로의 제조방식 전환에 없어서는 안 될 중요한 기술로 평가되고 있다. 가령 일론 머스크의 스페이스X는 로켓 엔진 부품을 3D 프린팅으로 제작해 엔진 성능을 극대화하고 제조 시간을 줄였다.[17] 소재 분야에서도 고성능 폴리머, 금속, 세라믹, 복합 재료 등의 개발이 이루어지고 있다.

3D 프린터로 로켓 부품을 만드는 모습 ━━━━━━

━━━━━━━━━━━━━━━━━━━━━━━━━━━━━ 출처_Space X

또한 최근 들어 3D 프린팅 분야에서 발전 속도를 더해가고 있는 것이 '대형 3D 프린팅'과 '바이오 프린팅'이다. 기존의 소형 부품 위주의 활용에서 나아가 주택, 건물, 다리 등 구조물에 대형 3D 프린터를 적용하기 위한 연구가 수행되고 있다. 대형 3D 프린팅은 건설 시간을 단축시킬 뿐만 아니라 비용을 절감하고 혁신적인 건축 디자인을 가능하게 할 것이다. 인간 장기의 프린팅을 목표로 바이오 프린팅 분야 연구도 진행되고 있는데, 실제로 인공장기를 연구하는 미국의 바이오프린팅 기업 오르가노보Organovo는 간 조직을 개발해 이를 세포 치료 연구에 활용하고 있다.[18] 이런 시도가 성공해 인간의 장기를 프린팅할 수 있다면 혈액, 뼈, 근육, 피부의 프린팅도 예상해볼 수 있다.

유망 직업

AI와 빅데이터, 초거대 생성형 AI, 로봇, 3D 프린팅은 모두 생산과 관련 있는 기술들이다. 앞서 언급한 바와 같이 인류의 문명은 생산 기술과 생산 방식의 변화에 따라 발전하고 또 규정되었다. 새로운 기술은 기존 산업을 대체하거나 혁신적으로 업그레이드시키며 신산업을 창출하기도 한다. 이러한 생산 기술의 발전은 산업구조와 함께 일하는 방식과 미래 직업에 결정적인 영향을 미칠 것이다. 기술 발전에 의해 나타날 직업들은 많은 공부와 고도의 전문성이 요구되는 일도 있으나, 단순히 스킬을 업데이트하는 것만으로도 관련 직업에 종사하거나 창업하는 게 가능한 경우도 있다. 그렇다면 새로운 기술이 가져올 미래 유망 직업에는 어떤 것들이 있을지 함께 살펴보자.

데이터 사이언티스트

하는 일

데이터 사이언티스트는 데이터를 분석해 의미 있는 통찰을 발견하고, 이를 바탕으로 비즈니스 의사결정을 지원하는 일을 한다. 데이터 수집에서부터 분석, 모델 개발, 시각화, 결과 해석까지 이들의 역할은 다양한 단계로 이루어져 있다. 예를 들어 OTT 서비스 회사의 데이터 사이언티스트는 고객의 시청 데이터를 바탕으로 사용자 선호도를 예측하는 모델을 개발해 맞춤형으로 영화와 드라마를 추천할 수 있다. 시청 기록, 영화 장르, 배우, 평가 등 수많은 데이터를 고려해 개인화 추천 알고리즘을 설계하는 것이다. 이후 결과를 시각화해 경영진과 공유하고 모델이 제대로 작동하는지 주기적으로 점검 및 개선하는 일까지가 모두 데이터 사이언티스트의 역할이다.

전망

4차 산업혁명과 디지털 전환 시대에 있어 '데이터 사이언스'는 생산과 제조뿐만 아니라 조직 내 의사결정, 유통과 판매 등 모든 영역에서 핵심 요소로 부상하고 있다. 이미 많은 기업과 정부 부서가 고객과 시민에게 더 나은 서비스를 제공하기 위해 빅데이터를 활용한다. 다수의 매체에서도 데이터 사이언스를 기업, 정부, 학계에 이르기까지 새로운 혁신을 약속하는 뜨거운 분야로 간주하고 있다. 세계 최대의 직업 평가 사이트 글래스도어는 데이터 사이언티스트를 4년 연속 미국 최고의 직업으로 선정한 바 있다. 또한 미국노동통계국(Bureau of Labor Statistics)

은 데이터 사이언티스트에 대한 수요가 2026년까지 해당 분야의 고용을 27.9% 증가시킬 것이라고 전망했다. 문제는 수요는 급격히 증가하고 있는 데 반해 이를 충족할 데이터 사이언티스트가 현저히 부족하다는 점이다.

맥킨지 글로벌 연구소의 연구에 따르면 미국은 향후 약 19만 명의 데이터 사이언티스트와 150만 명의 데이터 설계자, 관리자, 분석가가 부족할 것이라 한다. 데이터와 관련한 다양한 기술과 도구가 도입되었는데 이러한 작업을 수행할 숙련된 전문가가 없는 것이다. 미래에는 데이터 사이언스라는 커다란 우산 아래 선택할 수 있는 다양한 직업과 역할이 존재할 것으로 예상된다. 특히 기업과 정부 조직은 조직의 효율성을 높이고 전략적 의사결정을 강화하기 위해 데이터와 AI 활용에 많은 노력을 기울이고 있으며, 이러한 경향은 향후 더욱 강화될 것이다.

머신러닝 디자이너

[하는 일]

머신러닝은 AI가 사람의 개입 없이 스스로 학습하고 알고리즘을 수정하거나 개선하는 등 의사결정을 내리는 시스템을 의미한다. 머신러닝 디자이너는 이러한 머신러닝 모델을 설계하고 최적화하는 역할을 한다. AI 알고리즘 스스로가 분석 중인 시스템의 변화를 파악하고, 데이터에 새로운 패턴이 나타날 때 자동으로 수정할 수 있도록 만드는 것이다. 이러한 형태의 AI는 알고리즘에 실시간으로 자기 학습, 적응 및 대응 기능을 적용해 성능을 지속적으로 최적화한다. 예를 들어 음성인식 비서 서비스를 개발할 때, 사용자의 발음 차이로 인식되지 않는 명령이 있다면 지속적으로 피드백을 반영해 모델을 재훈련하고 발음과 억양 인식 성능을 향상시키는 식이다.

[전망]

개인화와 응답성이 점점 중요시되는 시대에 머신러닝 디자이너는 모든 산업 분야에서 높은 수요가 예상된다.

[자격]

머신러닝 디자이너는 소프트웨어 및 데이터 사이언스에 대한 전문지식을 보유하고 있어야 한다. 그 외에도 개인정보보호와 관련된 법적·윤리적 요구 사항에 대한 이해와 비윤리적, 반사회적 행위에 대한 시스템 보호의 책임도 요구된다.

머신러닝 엔지니어

[하는 일]

머신러닝 디자이너가 AI 알고리즘에 대한 전반적인 개념과 기획을 담당한다면, 머신러닝 엔지니어는 머신러닝 디자이너가 구상한 개념과 기획을 실제로 구현하는 역할을 한다. 개발된 모델을 실제 서비스로 배포해 사용자와 상호작용이 가능하도록 하며, 이후에도 성능이 유지되도록 지속적으로 모니터링하고 유지보수하는 일까지 담당한다. 구체적인 업무로는 머신러닝 시스템 설계 및 개발, 머신러닝 알고리즘 테스트, 애플리케이션 기반 클라이언트 요구사항 개발, 기존 머신러닝 프레임워크 및 라이브러리 확장, 더 나은 이해를 위한 데이터 탐색 및 시각화 등이 있다.

[전망]

머신러닝 엔지니어에 대한 수요는 지속적으로 증가하는 한편, 이러한 수요를 충족할 만큼 역량을 갖춘 인재는 많지 않다. 머신러닝 엔지니어는 AI 및 데이터 과학 분야에서 핵심적인 역할을 하는 만큼 전망이 밝다.

[자격]

SQL[+], REST API[++] 등 기술에 대한 심층적인 지식을 갖추는 것 외

[+] 관계형 데이터베이스에서 데이터를 저장하고 조회, 수정, 삭제하는 데 사용되는 언어.
[++] 애플리케이션 간에 데이터를 교환하기 위한 표준화된 아키텍처.

에도 A/B 테스트를 수행하고, 데이터 파이프라인을 구축하며, 이를 분류하고 클러스터링하는 역량을 갖추고 있어야 한다.

데이터 디자이너

하는 일

데이터 디자이너는 데이터 사이언티스트가 안정적이고 최적화된 데이터 시스템에서 알고리즘을 실행할 수 있도록 확장 가능한 데이터 생태계를 구축하는 역할을 한다. 이들은 데이터 분석을 통해 조직 내 서로 다른 이해관계자의 이해를 반영하고, 조직의 목표 달성 및 문제 해결에 필요한 알고리즘과 데이터를 설계한다. 데이터 디자이너는 전문성이 가장 필요한 부서에 배치될 것이며, 검증할 일련의 가설을 개발한 후 이를 데이터 엔지니어가 테스트할 수 있도록 기본적인 방향성을 제시한다. 구체적인 업무로는 조직의 전반적인 데이터 전략 수립 및 실행, 데이터 전략에 따른 데이터 수집과 소스 식별 등이 있다.

데이터 엔지니어

하는 일

데이터 엔지니어는 데이터 디자이너가 설계한 데이터베이스를 쉽게 통합해 중앙 집중화하고, 최상의 보안 조치로 보호하는 일을 한다. 데이터 엔지니어는 데이터 디자이너가 설계한 모델을 작업할 수 있는 최고의 도구와 시스템을 갖추고 있어야 한다. 데이터 엔지니어의 중요한 역할로는 데이터베이스의 효율성을 개선하고, 보안성 강화를 위한 최신 기술의 업데이트와 시스템 및 아키텍처 유지관리 등이 있다.

데이터 애널리스트

하는 일

데이터 애널리스트는 데이터를 분석해 조직이 더 나은 의사결정을 내릴 수 있도록 중요한 인사이트를 도출하는 일을 한다. 데이터의 시각화 및 정리, 방대한 양의 데이터 처리를 포함한 다양한 작업을 담당하기 때문에 데이터 최적화 기술을 보유해야 한다. 주요 임무로는 데이터를 활용해 숨겨진 패턴을 찾고, 데이터 분석을 기반으로 시각화된 결과를 제공하고, 이해관계자를 업데이트하는 등의 일이 있다. 예를 들어 한 판매 사이트의 데이터 애널리스트가 월별 매출 데이터를 분석해 판매량이 급증하는 계절과 인기 있는 상품 카테고리를 파악했다고 하자. 그

가 찾아낸 분석 결과를 활용하면 마케팅팀은 시즌별 할인 프로모션을 기획할 수 있고, 운영팀은 재고를 효율적으로 관리할 수 있다. 이처럼 데이터 애널리스트는 고급 분석을 통해 조직의 목표를 달성할 수 있도록 지원하며, 미래에 대해서도 새로운 사업이나 정책이 가져올 영향을 예측하고 통찰력을 제공할 수 있다.

데이터 관리자

[하는 일]

데이터 관리자는 조직의 모든 데이터베이스가 적절하게 기능하도록 하는 것에 대한 책임이 있다. 요구 사항에 따라 조직원에게 데이터 관련 서비스를 부여하거나 취소할 수 있는 임무가 주어진다. 데이터의 저장 및 관리, 보안 조치 구현, 데이터베이스 백업 및 복구, 각종 문서와 운영 매뉴얼 준비 등을 담당한다. 최근에는 위기나 재난·재해 상황에서 데이터를 안전하게 관리할 수 있는 역량이 더욱 요구되고 있다.

데이터와 관련한 다양한 직업

데이터
사이언티스트

데이터
디자이너

데이터
엔지니어

데이터
애널리스트

데이터
관리자

생성형 AI 프롬프트 엔지니어

[하는 일]

생성형 AI의 범용적 활용이 가져올 미래 유망 직업 중 하나가 '생성형 AI 프롬프트 엔지니어'다. 프롬프트 엔지니어란 챗GPT 같은 생성형 AI 애플리케이션이 원하는 작업을 수행하도록 지원하는 전문가다. 프롬프트 엔지니어는 인간의 판단과 의사소통 기술을 사용해 AI가 생성한 작업에서 부족한 부분을 찾아내고 원하는 결과를 얻을 때까지 프롬프트(명령어)를 개선한다. 예를 들어 챗GPT의 자연어 생성 AI 기능을 사용해 특정 임무를 수행하도록 애플리케이션용 코드를 작성하는 일 등을 할 수 있다.

프롬프트 엔지니어링에서 중요한 개념 중 하나가 '역할'이다. 역할을 활용하면 생성형 AI의 페르소나를 정의함으로써 보다 관련성 높고 매력적인 반응을 생성할 수 있다. 어떤 사람이 비즈니스맨인지 혹은 학생, 교사, 과학자, 철학자인지에 따라 같은 질문에도 다른 방식으로 대답이 나올 수 있다. 이처럼 프롬프트 엔지니어는 AI가 대화나 작업 중 맡아야 하는 성격과 신념, 맥락 등을 정의할 수 있어야 한다.

[전망]

생성형 AI 프롬프트 엔지니어의 수요는 디지털 광고 대행사에서부터 소프트웨어 개발사, 의료 서비스 제공업체, 유틸리티 회사에 이르기까지 다양한 분야에서 있다. 향후 이 직업의 수요와 활동무대는 더욱 확대될 전망이다. 〈타임〉에 따르면 GPT가 포함된 채용 공고 수가 2021년에서 2022년 사이에 51% 증가했다고 한다.

프롬프트 엔지니어에게 요구되는 가장 중요한 역량은 '의사소통 능력'일 것이다. 마치 인간에게 지시를 내리거나 훈련을 시키는 것처럼 AI가 무엇을 하길 원하는지 명확하게 표현할 수 있어야 하기 때문이다. 사용자가 정확히 어떤 유형의 응답이나 콘텐츠를 찾고 있는지를 자세하고 분명히 파악할수록 프롬프트 엔지니어링에서 더 큰 성공을 거둘 수 있다. 또한 AI가 작업을 완료하는 데 필요한 정보가 무엇인지, 해당 정보를 어디서 찾을 수 있는지, AI가 이를 처리하려면 어떤 형식이어야 하는지를 알아내기 위한 '데이터 지식'도 필요하다.

가령 런던에 본사를 둔 디지털 대행사 리햅Rehab은 생성형 LLM 기술의 새로운 응용 프로그램을 프로토타입(시험용 초기 모델 개발)할 수 있는 엔지니어를 찾으며 다음과 같은 능력을 요구했다. LLM 모델을 미세 조정할 수 있어야 하며, 사람들과의 소통 능력이 있어야 하고, 해당 분야의 최신 지식을 보유하고 있어야 한다.

AI 트레이너

AI 트레이너는 AI 모델을 훈련하는 역할을 담당한다. 주요 업무로는 AI 모델 훈련에 필요한 데이터를 수집하고, 모델이 효과적으로 학습할 수 있도록 데이터에 올바른 레이블과 분류를 주석으로 달아주는 일이다. 또한 수집한 데이터를 사용해 훈련 알고리즘을 설정하고 실행한다. 여기서 훈련 과정을 모니터링하고 성능을 향상하기 위해 매개변수를 조정하기도 한다. 이외에도 다양한 지표를 사용해 훈련된 모델의 성능을 평가하고, 모델이 요구기준과 사양을 충족하는지 검증한다.

AI 교육자

하는 일

AI 교육자는 사람들이 AI의 개념, 도구, 응용 프로그램에 대해 알 수 있도록 교육하고, 이들을 훈련시키는 역할을 담당한다. AI 관련 교육 콘텐츠와 커리큘럼을 설계·개발하며, 커리큘럼이 최신 AI 기술 발전에 맞춰져 있는지 확인하는 등의 일을 한다. 또한 AI 관련 강의, 워크숍, 실습 교육을 통해 학습자에게 멘토링을 제공하며, 실습 프로젝트와 연구 과제를 지원한다. AI 교육자는 늘 AI 분야의 최신 개발 동향을 파악해야 하며, 자신의 지식과 교육 방법을 지속적으로 향상할 수 있어야 한다.

전망

AI 트레이너와 교육자 모두 AI 기술의 발전과 활용을 위해 꼭 필요한 전문가들이다. 이들은 AI 기술의 개발, 배포, 보급에 있어 중요한 역할을 담당하게 될 것이다. AI 트레이너는 견고한 AI 시스템을 개발하는 데 집중하고, AI 교육자는 사람들이 이러한 기술을 이해하고 활용할 수 있도록 도울 것이다.

생성형 AI 활용 콘텐츠 크리에이터

[하는 일]

'생성형 AI 활용 콘텐츠 크리에이터'는 AI로 다양한 형태의 콘텐츠를 제작한다. 이들은 음악, 미술, 글쓰기, 영상, 게임 디자인 등 여러 창작 분야에서 AI 도구를 사용해 혁신적인 콘텐츠를 창출한다. 전문적인 훈련을 받지 않더라도 독창적인 아이디어만 있으면 AI로 전문가 못지않은 콘텐츠를 제작할 수 있다. 예를 들어 생성형 AI를 사용해 음악을 작곡하고 편곡할 수 있으며, 다양한 음악 장르를 학습한 AI로 새로운 음악을 생성해낼 수도 있다. 아마존의 AWS 딥컴포저AWS DeepComposer는 이미 생성형 AI를 활용한 음악 생성 서비스를 제공하고 있다. 또한 콘텐츠 제작에 있어 생성형 AI가 가장 활발히 활용될 수 있는 분야는 소설, 시, 수필, 시나리오 등의 글쓰기 분야다. AI는 스토리라인을 구성하고 어떤 스타일로 텍스트를 작성할지 결정하는 데 큰 도움을 줄 수 있다. 현재 글쓰기를 도와주는 생성형 AI 업체로는 스모딘Smodin의 AI Write, 노벨AI의 스토리텔러, 그리고 한국어 기반인 Tinytingel.ai의 라이팅젤 등이 있다.

생성형 AI는 광고 카피 생성과 마케팅에도 유용하게 활용될 수 있다. AI는 타깃팅된 광고 메시지를 생성하고, 광고 효과를 분석해 최적화하는 데 도움을 준다. 기업의 제품과 서비스에 대한 간단한 설명만으로 몇 초 만에 멋진 기업 홍보 사이트 콘텐츠를 만들어낼 수도 있다. 타입페이스Typeface라는 회사에서는 기존의 이미지, 웹페이지 콘텐츠, 구글 및 메타 광고 등 고객이 제공한 데이터를 학습한 AI 플랫폼을 운영하고 있다. 마케팅 목적으로 텍스트를 입력하면 제품의 콘셉트와 브랜드에 적합한 이미지를 생성하고, 이를 설명하는 소셜 게시물, 최적화된 문구 등을 자동으로 만들어준다.

이 외에도 그림, 조각, 디지털 아트 등의 창작도 가능할 것이며 영상 제작이나 게임 디자인에도 생성형 AI의 활용도는 무궁무진하다. 2024년 발표된 오픈AI의 소라는 몇 줄의 텍스트만으로도 수준 높은 영상을 만든다. 메타에서 출시한 새로운 생성형 AI 텍스트-동영상 도구인 Make-A-Video는 몇 개의 문장만으로 재미있는 단편 영화를 제작할 수 있다. 같은 맥락에서 비전문가도 AI를 활용해 웹툰을 제작하거나 게임 디자이너가 되어 온라인 게임의 캐릭터, 스토리 등을 디자인할 수 있다.

간단한 텍스트로 동영상을 만들어주는 메타의 생성형 AI ─────────

Surreal   Realistic   Stylized

A teddy bear painting a portrait   →

Robot dancing in times square

Cat watching TV with a remote in hand

A fluffy baby sloth with an orange knitted hat trying to figure out a laptop close up highly detailed studio lighting

출처_Meta Make a Video

머지않은 미래에 온라인 콘텐츠의 절반 이상이 생성형 AI에 의해 만들어질 수 있다. 생성형 AI 활용 콘텐츠 크리에이터는 AI 기술로 창의성과 효율성을 극대화하며, 새로운 콘텐츠 제작 방식을 탐구할 것이다. 이들은 AI와의 협업을 통해 독창적이고 혁신적인 작품을 만들어내며 전통적인 콘텐츠 제작 방식에도 새로운 활력을 불어넣을 것으로 기대되고 있다.

AI 알고리즘 해석 및 감사

하는 일

처음 AI가 등장했을 때, 많은 이들이 AI가 인간보다 객관적이고 공정한 판단을 하리라는 기대를 했다. 그러나 이런 기대가 깨지기까지는 그리 오랜 시간이 걸리지 않았다. 가장 큰 이유는 AI 알고리즘도 인간이 설계하고, 기계에 학습시킬 데이터도 인간이 결정하기 때문이다. 이 과정에는 설계자의 개인적 가치나 편향성이 반영될 수밖에 없으며, 데이터 자체도 편향된 데이터일 수 있다. 만약 AI에 잘못된 알고리즘이 적용되거나, AI가 오염되고 편향된 데이터를 학습할 경우 우리는 절대 공정하거나 착한 AI를 기대할 수 없을 것이다.

'AI 알고리즘 감시자'는 알고리즘이 가져올 잠재적 위험이나 편향에 대한 조사 및 감사를 수행한다. 예를 들어 AI 학습에 사용되는 데이터 세트를 검토해 특정 그룹이 과소 또는 과대 표현되지는 않았는지, 개인정보보호 규정을 위반하진 않았는지 확인한다. 실제 데이터에 대한 알고리즘 성능을 평가해 복잡한 상관관계로 인해 숨겨진 편향성을 테스트하기도 한다. 객관적이고 신뢰할 수 있는 리뷰를 제공하는 것이 이들의 역할이다. 알고리즘 감시자는 알고리즘의 신뢰성과 공정성을 인증하고, 만약 문제가 감지될 경우 알고리즘 엔지니어에게 바로 이를 전달해야 한다.

AI 법률고문

하는 일

AI 법률고문은 AI로 작동되는 도구나 시스템과 관련해 법률 자문, 안내, 상담 등의 서비스를 제공한다. 법률 문서 작성부터 시작해 법률 질문에 대한 답변, 법적 문제의 해석 등 다양한 업무를 포함한다. AI를 활용하면 방대한 양의 법률 문서와 판례, 법령, 규정 등을 신속하게 검색하고 분석할 수 있다. 직접 법률 문서를 작성할 때도 AI가 유용한데, 사용자 입력에 따라 표준화된 문서를 생성할 수 있으며, 잠재적인 법률 리스크를 식별하고 경고를 해줄 수도 있다. 이때 AI 법률고문은 AI가 생성한 다양한 법률적 결과물을 검토하고 보완해 신뢰성을 높인다. 또한 AI 알고리즘이 가진 잠재적 편향을 감시하고 해결해 공정한 법률 자문을 보장하는 역할도 한다.

AI로 구동되는 법률 시스템은 시간이 지날수록 더욱 정교하고 정확해질 것이다. 하지만 기술이 발전한다 하더라도 AI가 경험 많은 변호사와 같은 수준의 전략적 사고와 판단을 할 거라 기대하기는 어렵다. 판례만으로는 판단할 수 없는 복잡하고 해석의 여지가 있는 새로운 법률 문제에는 인간의 개입이 필요하다. AI는 인간 법률가가 더 복잡하고 전략적인 업무에 집중할 수 있도록 도와줄 것이다. AI 법률 시스템은 인간 법률가의 대체재가 아니라, 전통적인 법률 서비스를 보완하는 유용한 도구가 될 것이다.

AI와 관련한 다양한 직업 ─────────────

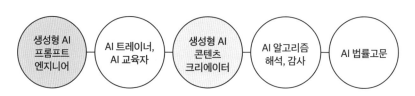

디지털 기기 정비사

하는 일

AI 알고리즘은 디지털 코드의 형태로 가정과 직장, 자동차, 공공장소 등 다양한 곳에서 전방위적으로 확산, 적용되고 있다. AI 알고리즘이 들어간 기기들은 각기 다른 장소에서 네트워크로 연결되어 있으며, 하나의 기기에 내재된 알고리즘에 문제가 생길 경우 다른 기기에도 영향을 줄 수 있다. 예를 들어 알고리즘이 내재된 로봇 청소기가 오작동을 일으켜 주방에서 조리가 어려워질 수 있고, 자동차의 알고리즘 시스템에 영향을 줄 수도 있다. 이때 이러한 문제를 해결할 수 있는 전문가가 바로 '디지털 기기 정비사(해결사)'다. 간단한 문제는 원격으로 해결하고 중대한 문제가 발생할 경우 방문 출장 형식으로 해결할 수 있다. 디지털 기기 정비사는 기존의 단순한 가전제품 수리기사가 아니다. 이들은 문제를 진단하고 가능한 한 빨리 시스템을 복원해 네트워크를 연결할 수 있도록, 보다 고급 문제를 해결한다. 이들에 대한 수요는 가정과 기업, 지역사회 등에서 지속적으로 증가할 것이다.

정비에 필요한 기본적인 프로그래밍 기술을 가지고 있어야 한다. 동시에 가정이나 기업에서 일반적으로 사용되는 디지털 기기에 익숙해 하드웨어 수리도 가능해야 한다.

로봇 정비사

'로봇 정비사'는 지능형 시스템이 탑재된 로봇이나 자동차가 문제를 일으킬 경우 이를 수리하거나 정비하는 역할을 담당한다. 로봇 정비사의 작업은 하드웨어 유지관리 및 수리부터 펌웨어와 소프트웨어 업데이트 및 패치까지도 확장된다. AR 및 VR의 시각화 도구와 로봇 자가 수리 시스템을 사용해 원격으로(또는 가상 지원)도 정비할 수 있다. 로봇 정비사의 사업과 서비스는 프리랜서 형태나 현재의 자동차 정비업체처럼 소규모 자영업 형태로 운영될 수 있다.

로봇 정비사는 로봇의 기계공학적 측면과 소프트웨어적 측면 모두에서 뛰어난 진단 및 문제 해결 기술이 필요하다. 또한 개별 의뢰인을 응대하기 위해 고객 서비스 능력과 시간 관리 능력도 갖춰야 할 것이다.

어린이용 로봇 프로그래머

[하는 일]

로봇은 다양한 분야에서 활용된다. 청소와 요리 등의 가사는 물론, 돌봄과 교육 등 가정용 로봇 시장도 크게 성장할 것으로 전망된다. 로봇을 어떻게 프로그래밍하느냐에 따라 다양한 용도로 활용될 수 있는데, 그 중 하나가 어린이용 게임과 장난감 용도다. '어린이용 로봇 프로그래머'는 어린이가 안전하게 놀 수 있도록 지원하는 휴머노이드 로봇을 프로그래밍한다. 이러한 로봇은 가족의 선호, 가치, 규칙에 맞게 개인화할 수 있다. 가족과 아이들에 특화된 유연한 프로그램 개발이 가능하다는 뜻이다. 어린이용 로봇 프래그래머는 아이에게 특화된 이야기를 들려주고, 기본적인 수리와 언어를 가르치고, 디지털 리터러시 역량을 길러주도록 로봇을 구현한다.

[자격]

어린이 전용 로봇 프로그래머는 AI 알고리즘과 로보틱스에 대한 지식뿐만 아니라, 유아기 아동 발달에 대한 이론적인 지식도 갖춰야 한다. 또한 로봇 설계자, 프로그램 개발자 등과 팀을 이뤄 작업하므로 협업 능력이 요구된다.

인간과 기계 협업 관리자

[하는 일]

MIT 경영대학원의 에릭 브린욜프슨Erick Brynjolfffson과 앤드루 맥아피

Andrew McAfee는 《기계와의 경쟁Race Against the Machine》에서 미래에는 인간과 기계가 협업하며 경쟁하는 시대가 올 것이라 예견한 바 있다. 이들에 따르면 기계는 도구에 불과하며, 인간은 기계를 이용해 생산성을 높이는 방향으로 나아가야 한다. 인간과 기계의 공생 관계를 제시하는 주장이다. 따라서 앞으로 미래가 요구하는 인재의 역량은 기계를 충분히 이해하고 능숙히 다룰 수 있는 능력, 그리고 인간만이 할 수 있는 영역과 기계가 할 수 있는 영역 사이의 균형을 관리하는 능력일 것이다. 기계와 인간은 업무를 수행함에 있어서 각각의 다른 특징을 갖고 있다. 숫자의 정확도, 데이터 관리 등은 기계를 사용하는 것이 확실성이 있다. 반면 인간은 감정이나 상상력을 통해 보다 창의적인 결과물을 창조할 수 있다. 향후 기업이나 사회에 필요한 것은 양쪽의 장점을 잘 조합하

는 것이며, 이를 잘 연결하고 관리해주는 것이 인간과 기계 협업 관리자의 일이다.

기술 윤리 전문가

[하는 일]

기술 윤리 전문가는 AI, 로봇, 사이보그, VR·AR의 보급과 확산으로 인해 발생할 다양한 윤리적 쟁점에 관심을 갖고 해결방안을 모색한다. 새로운 기술이 개발될 때나 그 기술이 시스템, 제품, 서비스 등에 적용될 때 윤리적·도덕적 문제들은 지속적으로 발생할 것이다. 기술 윤리 전문가는 정부, 기업, 가족, 개인이 올바른 정보와 가치에 입각한 결정을 내릴 수 있도록 편견 없는 해석을 제공한다. 이들이 관여하는 주요 주제로는 로봇 권리와 AI에 대한 도덕적 의무, AI의 무기화와 대량살상, 로봇이 지켜야 할 도덕과 윤리 등이 있다. 실제로 빅테크 기업에서는 기술 윤리 전문가를 고용하기 시작했다. 예를 들어 구글, 마이크로소프트, 메타 같은 기업은 AI 윤리 위원회나 전담팀을 구성해 AI 시스템의 투명성, 공정성, 신뢰성을 평가하고 윤리적 문제를 검토한다.

[자격]

인간의 감정, 신념, 도덕적 기준이 어떻게 기술과 상호작용하는지 이해해야 한다. 논리적, 철학적 접근을 바탕으로 다양한 의견을 경청하고 관련 쟁점을 공정하게 평가할 수 있어야 한다.

3D 프린터 전문샵 핸디맨

[하는 일]

3D 프린터가 일반 가정과 개인에게 보급·확산되기 전까지는 소규모 형태의 3D 전문 프린트샵이 등장할 것으로 예상된다. 3D 전문 프린트샵은 현재의 킨코스KINKOS(프린트 전문 기업으로 각지에 직영 센터를 운영한다)와 유사한 형태로 운영될 것이며, 지역의 마이크로 매뉴팩처링 요구를 충족시킬 것이다. 현재 인쇄와 복사를 대행하는 매장이 종이와 잉크를 상시 구비해놓고 있듯이, 미래의 3D 전문 프린트샵은 다양한 종류의 3D 재료와 부품을 구비할 것이다. 3D 전문 프린트샵에서 일하는 핸디맨은 고객에게 3D 프린팅을 위한 설계도와 재료를 추천해 제공하기도 하고 원하는 형태의 제품을 인쇄하기 위한 상담도 수행한다.

3D 프린터 레시피 개발자

[하는 일]

3D 프린터는 설계 정보와 재료만 있으면 다양한 형태의 물건을 인쇄할 수 있다. 이미 치과에서 사용하는 임플란트는 물론 항공기의 주요 부품, 자동차, 주택까지도 3D 프린터로 인쇄되고 있다. 3D 프린터 레시피 개발자는 인쇄할 물건의 재료와 용도에 맞게 최적화된 설정값을 찾아 최상의 결과물을 만들 수 있도록 지원하는 전문가다. 이들의 업무는 단순히 설정값을 조정하는 것뿐 아니라, 제품의 목적에 맞게 기능성과 완성도를 모두 충족하는 레시피를 만들어내는 데 있다.

향후 3D 프린터가 일반 가정에 저렴하게 보급될 경우 개인이 개발한 제품의 설계도와 소재가 인터넷을 통해 유통될 수 있다. 신발이나 의복, 식기, 가구, 심지어 예술 작품의 레시피까지 전달받아 인쇄할 수 있을 것이다. 인기 3D 프린터 레시피 개발자는 히트 상품의 특허권자처럼 커다란 수익을 얻을 것이다.

3D 프린팅 레시피를 판매하는 웹사이트

출처_Cults 홈페이지

적층 제조 엔지니어

하는 일

3D 프린팅의 주요 기술로 알려진 '적층 제조(Additive Manufacturing)'는 디지털 도면에 따라 재료의 층(레이어)을 하나씩 지정해 쌓아가며 물건을 만드는 방식이다. 재료를 깎거나 절단해 제품을 만드는 '절삭 제조'와 달리 적층 제조는 재료나 부품을 추가하며 만들기 때문에 재료의 낭비를 방지할 수 있다. 적층 제조 엔지니어는 이러한 방식의 3D 프린팅을 활용하는 전문가다. 이들은 3D 프린팅 제품 디자이너와 소재 및 재료 전문가 등과 협업하게 될 것이다.

전망

현재 제조업 시장에서 적층 제조 방식은 아직 미미한 규모이나 향후 지속적인 성장이 예상되고 있다. 특히 항공기 엔진 등 정밀한 소형 기계 부품 분야에서 수요가 크게 증가할 전망이다. 적층 제조 엔지니어는 3D 프린팅 분야의 최고 기술 전문가로서 역할을 수행하게 될 것이다.

대형 3D 프린팅 빌딩 디자이너

하는 일

대형 3D 프린터로 건물을 짓는 건 일반적인 건축 방식과 다르다. 가장 큰 차이는 앞서 살펴본 적층 제조 방식을 사용한다는 점이다. 부품을 현장에서 조립하고 설치하는 대신 층층이 쌓아올리는 방식을 택한다. 또한 일반적 건축보다 작업 속도도 굉장히 빠른데, 대형 3D 프린터는 24시간 작업을 통해 이틀이면 주택 한 채를 인쇄할 수 있으며, 4주 정도면 고층 건물을 건설할 수 있을 것으로 전망되고 있다. 그밖에도 재료 사용이 경제적이고 폐기물도 적어 친환경적이라는 점과 복잡한 형상을 쉽게 구현할 수 있어 디자인 자유도가 높다는 점이 일반적인 건축과 다르다.

'대형 3D 프린팅 빌딩 디자이너'는 대형 3D 프린터를 활용해 안전하고 성공적인 건축물을 짓는 전문가다. 일반적인 3D 프린팅보다 고도화된 기술이 필요하며 특수한 재료를 사용하는 만큼 전문적인 지식이 요구된다. 이들은 스마트 도시, 조경, 에너지 및 데이터 시스템 디자이너와 협업해 작업을 진행하게 될 것이다.

3D 프린팅으로 17일 만에 만든 '오피스 오브 더 퓨처' ──────

─────────────────────────── 출처_Dubai Future Foundation 홈페이지

신중하게 건설을 계획해 아래에서부터 위로 인쇄물을 설계하려면 건축공학과 디자인, 디지털 기술에 대한 이해와 함께 시각적 창의성 또한 요구된다. 재료과학에 대한 전문성도 갖춰야 하는데, 재활용 가능하며 신속하게 경화돼 견고한 재료로 건물을 지어야 하기 때문이다. 또한 건축학적으로 창의적이고 높은 수준의 시각적 공간을 만들기 위해 미적 감각도 요구된다.

3D 프린팅과 관련한 다양한 직업

3D 프린터 전문샵 핸디맨 — 3D 프린터 레시피 개발자 — 적층 제조 엔지니어 — 대형 3D 프린팅 빌딩 디자이너

사이보그 심리치료사

하는 일

사이보그란 인공장기, 로봇 팔·다리, 시·청각 보조 장치 등 기계 장치를 인체에 이식한 결합체를 말한다. 사이보그 심리치료사는 이처럼 사이보그로 생활하는 사람의 심리치료를 전담한다. 고도로 정교한 기계 장치가 인체에 이식되면 환자들은 큰 정신적 혼란을 느낄 수 있다. 사이보그 심리치료사는 환자들의 정신적 불안과 여러 부작용을 치료해 주는 역할을 한다. 미래에는 의료기술의 발전으로 인체의 많은 기관이 기계로 대체될 것이다. 이미 오래전부터 의족 같은 기기가 사고나 질환

으로 인해 팔다리가 손상된 사람들을 지원해왔다. 최근에는 인간의 뇌와 기계를 연결하는 BMI(Brain Machine Interface) 기술이 발전하면서 로봇 의수 등의 개발이 이루어지고 있으며, 머지않은 미래에 상용화될 것이다. 뿐만 아니라 인공심장이나 간, 신장 같은 장기는 물론 혈관, 뼈, 혈액 등도 기능이 저하되거나 손상된 부분을 대체할 전망이다.

[자격]

사이보그 심리치료사가 되기 위해서는 인간 심리에 대한 전문성, 인공신체나 장기에 대한 공학적·의료적 전문성과 함께 의사소통 능력 또한 갖추고 있어야 한다.

가상현실 심리치료사
[하는 일]

사이보그 심리치료사와 마찬가지로 가상현실 심리치료사는 가상현실로 인한 디지털 중독과 강박관념으로 고통받는 환자들을 치료한다. 지금도 인터넷과 스마트폰, 디지털 게임 중독으로 여러 부작용이 발생하고 있다. VR과 AR 기술은 향후에도 지속적으로 발전할 것이며, 수천만 명의 일상생활 속 일부가 될 것이다. 문제는 이러한 기술 발전이 가져올 다양한 부작용이다. 예를 들어 가상세계에 갇혀 그 내부 세계에서만 머물려는 사람도 있을 것이며, 현실세계와 가상세계를 구별하는 데 어려움을 겪는 이도 많아질 수 있다. 가상현실 심리치료사는 이러한 문제를 가진 고객이나 환자를 돕는다. 또한 이들은 고객과 환자를 보다 효과적으로 치료하기 위해 VR 기반 기술을 적극 활용하게 될 것이다.

자격

가상현실 심리치료사는 디지털 기술이 인간의 심리적 건강과 웰빙에 미치는 영향과 이를 해결하기 위한 다양한 치료 기술에 대한 심층적인 지식이 필요하다.

규제 예측 분석가
하는 일

최근 들어 기술 혁신의 주기가 빨라지면서 법과 제도가 혁신을 따라가지 못하는 '규제 지체(Regulation Lag)' 현상이 발생하고 있다. 규제 예측 분석가는 기술 혁신이 가져올 비즈니스와 경제·사회 변화에 대한 파급효과를 선제적으로 예측하고, 정부 규제가 필요한 경우 법률 제정이나 기타 조치를 취하도록 돕는 역할을 한다. 기술 혁신은 다양한 비즈니스 기회를 창출할 수 있으나, 경우에 따라서는 국민의 생명과 안전을 위협할 수 있는 부작용을 가져오기도 한다. 그런 만큼 미래에는 신기술이 가져올 기회를 극대화하면서 부작용을 최소화하는 역량이 더욱 요구될 것이다.

규제 예측 분석가는 상거래를 감독하고 품질 표준, 안전 등을 관리하는 정부의 규제 당국 내에서 일하게 될 것이다. 이들의 임무는 기술 혁신이 가져올 다양한 영향력을 예측하고, 기술을 적용하고자 하는 기업과 이와 관련된 소비자, 정부 부처 등의 이해관계를 조정하는 것이다.

또한 기존 규정을 개선하거나 새로운 법률의 초안을 작성할 때 변경 사항을 권고하는 역할도 수행한다. 미래에는 지금보다 더욱 기술 혁신의 속도가 빨라질 것이며, 그만큼 법과 제도가 혁신을 따라가지 못하는 상황이 빈번히 발생할 것이다. 규제 예측 분석가는 미래의 기술 발전과 그 영향에 대해 지속적으로 주시하면서 정부가 규제를 신속하게 변경하도록 요청할 것이다.

자격

규제 예측 분석가는 관련 분야의 법률 및 규정에 대한 전문 지식과 다양한 이해관계자의 이해를 조정할 수 있는 탁월한 협상 및 의사소통 역량을 갖춰야 한다. 가장 중요한 것은 기술, 사회, 비즈니스 동향에 대한 지식을 통해 다음에 일어날 일을 식별하는 것이다. 또한 변화하는 비즈니스 모델에 맞춰 규제가 신속하게 조정되도록 시장 혁신에 대한 최신 정보를 유지하고, 정책 입안자에게 오래된 규제 프레임워크 개선을 제안할 수 있어야 한다.

❖ '인구구조 변화'가 주도할 미래 유망 산업과 직업 ❖

고령화의 급속한 진전, 기후변화와 환경오염은 인류의 존립을 위협하는 중차대한 도전이다. 많은 국가와 국제기구가 난제를 해결하기 위해 시민들의 인식을 전환하고 제도를 개선하는 등 다양한 노력을 기울이고 있다. 이들은 특히 '과학기술'을 활용해 해결방안을 모색하고 있는데, 이러한 과정에서 성장을 이끌 새로운 산업과 일자리가 창출될 전망이다.

과학기술의 혜택으로 산업혁명 이후 인간의 평균수명은 2배 이상 증가했다. 평균수명은 늘어났지만 최대수명에는 큰 변화가 없었다는 게 전문가들의 주장이다. 노화학자들은 의학이 아무리 발전하더라도 인간이 살 수 있는 최대 연령을 120세 정도로 보고 있다. 인간의 유전자가 그렇게 프로그래밍되었다는 것이다. 의학기술의 발달은 길어진 수명을 더 젊고 건강하게 보낼 수 있는 가능성을 높여가고 있다. 지금부터는 고령화를 중심으로 인구구조 변화로 인해 유망해질 산업과 직업을 살펴보고자 한다.

유망 산업

헬스케어 및 의료산업

고령화의 진전은 필연적으로 '건강과 의료'에 대한 수요를 증가시킨다. 특히 고령자에게 자주 나타나는 심혈관계 질환, 당뇨, 관절염 등의 치료제 분야 성장이 클 것으로 예상된다. 의료기기 또한 고령자를 위한 제품인 심장 모니터, 인슐린 펌프, 이동 보조기기 등의 관심이 높다. 최근에는 원격 진료와 건강 모니터링 시스템이 발전하면서 고령인구가 자택에서 의료 서비스를 받을 수 있는 환경도 조성되고 있다.

또한 직접적인 치료는 아니지만 '돌봄 산업'의 수요도 대폭 증가할 전망이다. 특히 자택에서 간호와 돌봄 서비스를 받길 원하는 고령자가 늘어날 것이다. 돌봄 서비스에는 방문 간호사와 가사 도우미, 일상생활 지원이 모두 포함된다. 사람의 돌봄 외에도 로봇이 도움을 줄 수 있는데, 돌봄 로봇을 비롯해 재활 로봇, 이동 보조 로봇 등도 활발히 개발되고 있다.

실버·시니어 비즈니스

고령자를 위한 실버 또는 시니어 비즈니스 시장의 급성장도 주목할 만하다. 우선 주택과 거주시설이 있다. 시니어를 위한 전문 요양시설, 양로원, 주거 단지가 증가하고 있는데, 이러한 시설은 의료 서비스와 생활 편의시설을 함께 제공하는 형태로 발전하고 있다. 특히 주거 분야에서는 고령자의 안전하고 편리한 생활을 위한 친환경, 무장애 주택이 늘어나고 있다.

시니어를 타깃으로 하는 상품 시장도 급격히 성장 중이다. 고령자를 위한 맞춤형 가전제품, 의류, 식품 등이 활발히 개발되고 있다. 예를 들어 손쉽게 열리고 닫히는 포장재, 기능성 침구, 건강 보조식품, 안마기 등을 생각할 수 있다.

시니어를 위한 서비스 상품도 여행, 레저, 문화, 교육 등 다양한 분야에서 눈에 띈다. 앞으로 실버 시장의 주인공이 될 베이비붐 세대는 이전의 고령세대와는 달리 나이가 들어서도 계속해서 사회적으로 활동하고자 하는 욕구가 강하다. 이미 이들을 위한 평생학습 프로그램과 온라인 교육 플랫폼이 인기다. 초기 고령기에 접어든 중장년층의 재취업 및 스킬 업그레이드를 돕기 위한 교육 및 직업훈련 서비스 시장도 점차 커지고 있다.

실버를 위한 금융 및 보험상품도 인기다. 고령인구의 증가로 연금 관리와 은퇴 자산관리 서비스가 중요해지고 있다. 이들을 위한 맞춤형 금융상품과 서비스 또한 속속 개발 중이다. 또한 고령인구는 의료 서비스 수요가 많기 때문에 건강보험 상품과 관련 서비스의 수요도 증가세다. 특히 장기요양 보험 같은 특정 상품의 중요성이 부각되고 있다.

유망 직업

게놈(바이오) 프로그래머

하는 일

'바이오 프로그래머'는 인간을 포함한 동식물의 게놈(유전체) 편집을 담당하는 유전공학자다. 그중 식물 바이오 프로그래머는 식물의 영양 프로필과 성장 패턴, 모양을 조작할 수 있다. 이들은 더 강하고 영양가 높으며 환경에 잘 적응하는 식물을 개발한다. 몬산토Monsanto 같은 기업이 식물 바이오 프로그래밍으로 유전자 변형 작물(GMO)을 개발하는 대표 사례다.

인간 바이오 프로그래머는 장애와 질병을 유발하는 유전자 패턴을 수정하고, 경우에 따라 외모나 신체적 능력을 향상시키기 위해 유전적 구성을 변경할 수 있다. 예를 들어 미국의 에디타스 메디슨Editas Medicine 은 크리스퍼CRISPR라는 기술을 통해 시력을 잃게 만드는 유전 질환(LCA) 치료법을 연구하고 있다. 하지만 유전자를 조작하고 편집한다는 것은 매우 민감한 문제인 만큼, 바이오 프로그래머의 활동은 엄격히 규제될

것이다. 이들의 업무는 인체에 미칠 수 있는 부정적 영향에 대해 철저히 확인하고 검증하는 절차를 거치게 될 것이다.

자격

바이오 프로그래밍은 유전학, 유전공학, 게놈 편집 등에 대한 전문적이면서도 심층적인 지식이 요구되는 분야다. 바이오 프로그래머는 다른 의료 종사자와 긴밀하게 협력할 수 있어야 하며, 특히 생명윤리에 대한 강한 소명의식과 훈련이 요구된다.

생체인식 보안 솔루션 엔지니어

하는 일

'생체인식 보안 솔루션 엔지니어'는 온라인 뱅킹, 가정, 사무실, 자동차 등의 모든 디지털 보안 액세스 지점에서 사용할 개별화된 생체인식

서명을 개발한다. 생체인식은 지문, 홍채, 망막 이미지, 얼굴 스캔, 음성인식, 습관적 행동 패턴과 같은 특성을 측정한다. 액세스 시스템에서 신원확인을 위해 무작위로 지정된 다중 생체 측정을 하기 때문에 신원 도용은 더 이상 가능하지 않다. 생체인식 보안 솔루션 엔지니어는 보안 솔루션에 적합한 센서를 결정한 후 소프트웨어 솔루션에 적용해 인증 요소를 분석하고 일치 여부를 확인한다. 앞으로 생체보안은 물리적 건물과 가상 시스템에 통합적으로 적용될 것이다. 따라서 생체인식 보안 솔루션 엔지니어는 소프트웨어와 하드웨어 모두에 대해 고유한 식별 솔루션을 개발하기 위한 지식을 갖추고 있어야 한다.

생체 모방 엔지니어

하는 일

'생체 모방 엔지니어'는 자연의 원리를 모방해 인간생활의 지속 가능한 솔루션을 모색하는 전문가다. 예를 들어 개미집에서 가스 교환 메커니즘에 대한 아이디어를 얻어 에너지 절약형 기후제어 시스템을 모델링하거나, 모기의 입 부분을 모방해 효율적이고 고통 없는 바늘을 고안하는 등이다. 생체모방 엔지니어는 식물, 동물, 미생물 등 생물학적 연구를 기반으로 이를 공학의 원리와 과정으로 구현해내는 것이 주요 임무다. 따라서 이들은 생물학 분야의 전문 지식과 함께 공학의 실용성에 대한 이해를 갖추고 있어야 한다. 자연 생태계가 생존하는 방식을 모방하면 폐기물을 관리하고, 에너지 효율성을 향상시키며, 환경을 보호해 궁극적으로는 인류가 직면한 난제를 해결할 수도 있다.

바이오 프린팅 엔지니어

[하는 일]

향후 3D 프린팅은 식물이나 동물에서 유래한 유기 물질을 이용하는 프린팅을 포함해 응용 범위가 늘어날 것이다. 그중 한 가지는 합성 육류의 프린팅이다. 동물 세포를 채취해 배양액으로 영양을 공급하면 세포가 조직으로 자라는데, 여기에 맛과 식감을 더해 가공하는 방식이다. 이런 대체육 생산은 가축이 배출하는 메탄가스로 인한 환경문제와 육류 생산의 윤리적인 문제에 대응하는 방법이 될 수 있다.

또 다른 바이오 프린팅의 예로 '맞춤형 인간 임플란트'가 있다. 연골, 뼈, 근육, 내부 장기와 같은 조직을 3D 프린팅 기술로 개발한다. 지금도 간 임플란트에 대한 연구는 빠른 속도로 진행되고 있다. 바이오 프린팅 엔지니어는 차세대 3D 프린터와 관련된 하드웨어 및 소프트웨어를 사용해 인간 임플란트를 위한 생존 가능한 조직을 만들게 될 것이다. 이들은 엔지니어링 기술과 STEM⁺ 지식을 갖고 생물학자, 의료 전문가, 소프트웨어 개발자 등과 팀을 이뤄 일하게 될 것이다.

디지털 임플란트 디자이너

[하는 일]

디지털 임플란트 디자이너는 건강을 보장하고 라이프스타일을 향상시키기 위해 사람의 몸과 두뇌에 이식될 각종 디지털 기기를 개발한

+ 　과학(Science), 기술(Technology), 공학(Engineering), 수학(Mathematics)의 약자.

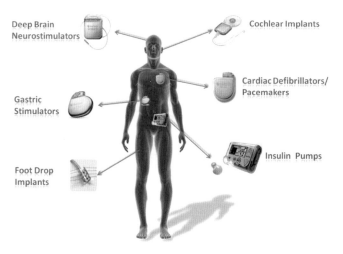

출처_MIT

다. 디지털 임플란트 기기는 지금도 다양한 형태로 개발되어 활용 중이다. 심장 박동을 정상적으로 유지해주는 '심장 박동기', 당뇨 환자를 위해 혈당 수치를 모니터링하고 인슐린을 자동으로 투여하는 '인슐린 펌프', 또 아직 연구 단계지만 뇌의 특정 부위에 전극을 삽입해 파킨슨병 환자의 근육 강직을 완화하는 '뇌심부 자극기' 등도 있다. 또한 가까운 미래에는 감각(시야 확장, 청력 향상)을 증강하는 장치를 포함해 체내 혈액 영양소 수준과 장내 세균에 이르는 모든 정보를 모니터링하는 통합 건강 추적기가 등장할 것이다.

[자격]

인간 생물학 및 의료에 대한 지식과 함께 임플란트 기술 및 디지털 시스템 통합과 관련한 고도의 전문적 기술이 요구된다. 또한 디지털 임플란트 디자이너는 인체 내부에 이식되는 기기를 설계하는 만큼 생체 적합성, 기능성, 안전성을 최우선으로 해야 하며 의료기기와 관련한 규제 지식도 필요하다.

좋은 죽음 설계사

하는 일

전 세계적인 고령자의 증가로 인해 '죽음'에 대한 관심 또한 높아지고 있다. 우리나라의 경우 2020년 사망자 수(30만 5,000명)가 출생자 수(26만 500명)를 앞지르면서 저출생·다사망 시대에 진입했다. 문제는 사망자 숫자가 앞으로 훨씬 크게 증가할 것이라는 데 있다. 통계청 장래 인구 추계에 따르면, 우리나라의 사망자 수는 2020년 30만 명을 돌파한 후 2035년에는 48만 명, 2045년에는 63만 명까지 증가하고, 2050년이 넘으면 연간 70만 명 수준의 자연 사망자가 발생할 것으로 전망되고 있다. 이미 고령화가 상당히 진행된 일본의 경우 연간 사망자 숫자가 150만 명이 넘는 것으로 파악되고 있다.

다가올 미래의 저출생·다사망 시대에는 '어떻게 살 것인가'와 함께 '어떻게 삶을 마감할 것인가'가 중요한 화두가 될 것이다. 이는 곧 삶의 질과 함께 죽음의 질을 높여야 한다는 관심으로 이어질 것이다. '좋은 죽음(Well-Dying)'이야말로 '좋은 삶'의 완성이자 최종 목표이기 때문이다. 영국의 이코노미스트 연구소(Economist Intelligence Unit)는 좋은 죽음이란 익숙한 환경에서, 존엄과 존경을 유지한 채, 가족 및 친지와 함께 고통 없이 죽어가는 것이라 정의하고 있다. 미래에는 기존의 상품을 의미하는 'goods' 대신, 탄소배출이나 죽음처럼 부정적인 요인들이 새로운 상품(bads)으로 부상해 하나의 산업 영역으로 자리 잡을 수 있다.

'좋은 죽음 설계사'는 고객이 좋은 죽음을 맞이하기 위한 맞춤형 설계를 제공한다. 죽음을 준비하는 사람들의 의료적, 법적, 재정적 계획을 도울 뿐 아니라 유언장을 작성하거나 장례를 계획하는 현실적인 업무도 담당한다. 또한 정서적 지원과 상담을 제공해 죽음에 대한 부정적 인식을 재고할 수 있도록 돕는 것도 이들의 역할이다. 그래서 결국은 고객이 원하는 방식으로 인생을 정리하고 평온하고 존엄하게 떠날 수 있도록 돕는다.

장생시대 인생 설계사

하는 일

한국인의 평균수명은 2020년 기준으로 83.5세다. 대부분의 사람은 자신이 80~90세까지 무탈하게 살다가 죽는 인생을 예상하며 각자의 계획을 세울 것이다. 그런데 평균수명이 100세, 110세를 넘긴다면 계획에 차질이 생길 것이다. 의학의 발달은 젊고 건강하게 오래 살 수 있는 가능성을 점점 높여가고 있다. 이러한 의학의 도움을 받아 나이가 들어도 젊을 때의 정신과 신체적 기능을 유지하는 '신인류'가 많아지고 있다. 이제는 나이가 들어 단순히 '노화'되는 것이 아니라, 보다 안녕한 정신과 건강을 유지하면서 수명이 길어지는 '장생'의 시대가 오고 있다.

장생시대는 아직 그 어떤 사회도 경험해보지 못한 미지의 세계이며,

우리에게 다양한 가능성을 제시한다. 결혼, 가족, 교육, 직업과 일, 연금과 보험 등 다양한 분야에서 급격한 변화가 일어날 수 있다. 따라서 지금까지 80~90세에 맞춰져 있던 인생 설계 또한 바뀌어야 한다. '장생시대 인생 설계사'는 현재보다 20년 이상 늘어날 인생에 대한 설계와 전문적인 상담을 수행한다. 여기에는 건강과 재정, 연금, 의료비, 재교육과 재취업을 포함해 상속문제와 좋은 죽음에 이르기까지 인생 전반에 대한 포괄적인 내용이 포함될 것이다.

항노화 에스테티션

[하는 일]

생화학 기술 등의 발전으로 미래의 에스테티션Aesthetician은 사람의 얼굴, 머리카락, 피부를 포함하는 고급 미용 솔루션을 디자인한다. 에스테티션은 기존에 우리가 알고 있는 미용사의 범위를 훨씬 넘어서는 역할을 하게 될 것이다. 이들은 디지털 분석을 기반으로 개인의 아름다움과 건강 요구에 맞게 특화된 맞춤형 피부 및 헤어케어 서비스를 제공할 것이다.

특히 '항노화(Anti-aging)'에 관심이 많은 중장년층과 노년층이 에스테티션의 주요 고객이 될 전망이다. 항노화 에스테티션은 그날의 기온이나 피부장벽 상태에 맞는 메이크업, 신체 컨디션에 맞춘 스킨케어, 맞춤형 항노화 영양제와 미용시술 등을 디자인할 뿐만 아니라, 의복 선택에 대해서도 상담을 제공한다. 미래의 에스테티션은 외모에 대한 통합 이미지 관리 서비스의 일부로 3D 프린팅 패션 및 가상 아바타 생성기

등의 기술적 도구를 활용해 서비스 가치의 고도화를 도모할 것이다.

노스탤지스트

하는 일

노스탤지스트Nostalgist는 장생자에게 기억에 남는 경험을 재현해주는 업무를 수행한다. 장생시대의 사람들은 너무 오랜 시간을 살아왔기 때문에 80~90년 전의 유년기, 청소년기의 기억이 희미할 수 있다. 사람에 따라 유년기와 청소년기에 좋은 기억이 있을 수도 있고, 그렇지 않을 수도 있는데, 노스탤지스트는 장생자의 좋은 기억을 되살려 재창조하는 역할을 담당한다. 또한 과거와 유사하고 친숙한 환경을 구축해 치매로 고통받는 환자가 안정감과 행복감을 느끼도록 도울 수도 있다. 이들은 인테리어 기술과 디지털 기술 등을 결합해 고객이 개인화된 경험을 느낄 수 있도록 스토리와 환경을 디자인할 것이다. VR 기술로 과거 여행 체험을 제공한다거나 디지털 회고록을 제작해 소중한 추억을 복기할 수도 있다.

[자격]

노스텔지스트는 디지털 기술과 함께 필요한 기억의 세부 사항을 이끌어내기 위한 소통 능력을 갖추고 있어야 하며 특히 고령자의 심리를 잘 이해할 수 있어야 한다. 또한 과거를 되살리기 위한 세부적인 역사 지식도 노스텔지스트의 중요한 역량 중 하나일 것이다.

'기후위기'가 주도할 미래 유망 산업과 직업

21세기에 접어들면서 기존의 관측치를 뛰어넘은 홍수, 가뭄, 폭염, 혹한 등에 전 세계가 몸살을 앓고 있다. 이러한 기상이변의 일상화는 인류의 거주환경과 식량 상황을 악화시켜 생존까지 위협할 수 있는 커다란 난제다. 인류 공통의 위기를 해결하기 위해 국제기구는 물론 개별 국가 차원의 다양한 노력과 국가 간 협력 또한 활발히 진행되고 있다. 기후변화는 많은 도전과제를 야기하지만, 동시에 이러한 문제를 해결하기 위한 혁신적인 기술과 산업의 발전을 촉진할 것이다. 산업 및 직업과 관련해 기후위기가 과연 어떤 새로운 기회를 창출하게 될지 살펴보자.

유망 산업

친환경 재생에너지

전 세계 R&D 투자 중 '친환경 신재생에너지' 개발이 차지하는 비율이 지속적으로 높아지고 있다. 태양광, 풍력, 수력 등 재생 가능 에너지원을 사용하는 기술의 발전과 보급이 가속화될 것으로 보인다. 예를 들어 애플은 이미 자사 데이터센터에 태양광 발전을 도입해 100% 재생에너지로 시설이 운영될 수 있도록 하고 있다. 태양광은 앞으로 '인공광합성'을 통해 수소, 메탄, 메탄올 등 인간 활동에 필수적인 요소를 확보하는 데도 활용될 예정이며, 더 미래에는 우주 태양광 발전을 위한 우주궤도 송전소 설치 등도 상용화될 전망이다. 한편 다른 에너지원을 사용하는 사례로 구글은 스웨덴과 미국에 있는 자사 데이터센터의 전력 수요를 풍력 에너지로 충당하고 있고, 독일은 철강 및 화학 공장에서 수력 에너지를 활용해 탄소배출을 줄이고 있다.

에너지 저장 및 효율화

에너지를 저장하고 효율적으로 사용하는 기술도 기후위기 시대의 유망 산업이다. 예를 들어 최소의 전력으로 최대한의 에너지 효율성을 담보하는 초소형 대용량 배터리는 향후 친환경 모빌리티 산업 발전에 없어서는 안 될 중요한 부품 기술이 될 전망이다. 동시에 저장한 에너지의 효율을 극대화하려는 노력이 진행되고 있는데 이러한 기술로 건물, 가전제품, 차량, 산업장비 등에서 에너지 낭비가 줄어들 것으로 기대된다. 전력의 수요와 공급을 최적화하는 '스마트 그리드' 역시 에너지

를 효율화하는 핵심적인 기술로 미국과 유럽의 여러 국가에 도입되는
중이다.

탄소포집과 탈탄소 산업

기후변화와 관련해 새롭게 주목해야 할 기술과 산업이 탄소포집 및
저장이다. 탄소를 유용한 물질로 전환해 온실가스 배출을 줄이고 산업
자원으로 활용하는 기술이 확대될 전망이다. 디젤, 가솔린 같은 화석연
료를 대체할 합성연료가 개발되고 있으며 탄소를 건축자재나 플라스틱
원료, 비료 등으로 전환하기 위한 연구가 진행되고 있다. 같은 맥락에서
폐기물의 효율적인 관리와 재활용 기술도 중요해질 것이며, 재생 가능
한 바이오매스(생물 유기체에서 유래한 자원)를 이용해 완전히 생분해할 수

아이슬란드의 탄소포집 공장 '매머드'

출처_Climeworks 홈페이지

있는 플라스틱 대체 기술의 개발도 목전에 와 있다.

친환경 모빌리티

탄소배출을 줄이기 위한 노력은 전기차와 수소차 등 친환경 차량의 수요를 증가시킬 것이다. 많은 국가가 보조금과 인프라 같은 수단을 통해 친환경 모빌리티 수요를 끌어올리고 있으며 주요 자동차 제조업체들도 내연기관 차량 생산을 줄이고 친환경 차량 생산을 확대하고 있다. 관련 차량의 충전 인프라 산업도 급속한 성장이 예상된다. 각국 정부에서는 충전소 설치 목표를 제시해 자금을 투자하고 있으며 테슬라나 현대자동차, 혼다 같은 기업도 전기차와 수소차 충전소를 빠르게 확장해 인프라를 지원하고 있다.

식량 및 농업 산업

지속 가능한 농업과 식량 생산을 위한 산업도 미래가 밝다. 기후변화로 인한 물 부족 문제를 해결할 물 재활용, 담수화 기술, 스마트 물 관리 시스템 산업이 성장할 것으로 기대된다. 또 AI와 빅데이터 등을 활용해 농업 생산을 자동화하고 에너지 효율을 최적화하는 스마트 농업이나 가뭄 저항성 작물을 개발해 기후변화에 적응하기 위한 노력도 있다. 한편 식량의 형태도 변해가고 있는데, 미생물이나 세포 배양 기술로 대체육과 단백질 식품을 개발하는 푸드테크도 인류의 식량 문제를 해결할 주요한 대안으로 평가받고 있다.

기후변화 적응

농업, 수자원 관리, 재난 대응 등 기후변화에 적응하기 위한 기술과 솔루션도 중요해질 것이다. 앞서 언급한 스마트 농업, 가뭄 저항성 작물, 홍수 방지 시스템 등이 이에 해당한다. 또한 기후변화가 가져올 리스크를 관리하기 위한 보험상품과 금융 서비스도 성장할 전망이다.

유망 직업

기상 조절 엔지니어

하는 일

기상예보 시스템은 지속적으로 발전하고 있으나, 기존 관측치를 뛰어넘는 홍수, 태풍, 가뭄, 폭염, 혹한 등 자연재해로 인한 피해는 점점 더 커지고 있다. 사실 농경이 시작된 이래 기상을 예측하고 자연재해를 피하기 위한 인류의 노력은 꾸준했다. 만약 필요에 따라 날씨를 조절할 수

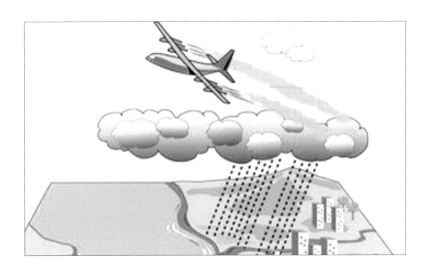

있다면, 이는 인류의 생활방식에 혁명적인 변화를 가져올 것이다. '기상조절 엔지니어'는 지구환경공학자로서 지구의 대기환경을 조절하는 다양한 역할에 관계한다. 탄소포집 및 저장 기술을 활용해 지구의 온도를 낮출 뿐만 아니라, 화학 필터를 대기에 배치해 햇빛을 관리한다. 또한 연구는 아직 초기 단계이나, 미래에는 구름을 활용해 인공 비를 만들고, 번개를 제어하고, 태풍에서 에너지를 빼내 전력을 생산하는 일도 담당할 것이다.

[자격]

양자컴퓨터를 활용해 기상 시뮬레이션을 실행할 수 있어야 하며, 지구과학과 기상학 분야에서 고도의 전문성이 요구된다.

홍수 제어 엔지니어 및 관리자

[하는 일]

최근 덴마크 코펜하겐대학교와 그린란드 지질조사국 공동연구팀은 기후변화를 막지 못해 그린란드의 빙하가 녹으면 21세기 말까지 전 세계 해수면이 약 27.4센티미터 상승한다는 연구결과를 발표한 바 있다.[19] 연구팀은 이런 현상이 '불가역적'이며 해수면 상승은 피할 길이 없다고 지적했다. 해수면 상승은 해안에 위치한 도시들에 치명적이며 다른 지역에도 국지적인 태풍이나 대기 불안정으로 인한 폭우를 불러와 홍수를 발생시킬 수 있다. 재난에 대비해 배수로 확충 등이 이루어지고는 있으나 홍수의 강도가 매번 그 기록을 갈아치우며 피해를 키우고 있다.

미래에는 홍수 제어 및 관리를 위해 보다 다양한 기술이 활용될 것이다. 재난에 대비한 스마트시티가 설계되고, 다양한 센서와 AI로 기상을 모니터링할 것이다. 그럼에도 기상 조절이 실패했을 시 홍수 피해를 완화하는 것도 이들의 역할이다. 이들은 댐과 저수지를 활용하며 배수 시스템을 구축하고, 하천 제방을 강화하는 일련의 일을 관리한다. 또한 홍수 제어 관리자는 기상 조절 엔지니어와 실시간으로 협업하게 될 것이다.

[자격]

홍수 제어 엔지니어 및 관리자는 수문학을 포함한 물의 관리뿐만 아니라, 자연 생태계 흐름에 대한 전반적인 지식과 기술을 알아야 한다.

물 관리 전문가

[하는 일]

물은 인간을 포함한 생명의 가장 기초적인 생존 자원일 뿐만 아니라 식량 생산, 반도체 제조, 원전 가동 등 산업에서도 필수불가결한 자원이다. '물 관리 전문가'는 물이 충분히 공급되고 효율적으로 사용되며, 깨끗하게 보호되고 필요한 곳에 잘 분배되도록 관리하는 역할을 한다. 또한 폐수를 재생하고 재활용할 수 있게 관리하는 일도 담당한다. 이들은 고급 센서, AI, 통신 등의 스마트 솔루션을 지속적으로 활용하게 될 텐데, 실시간으로 물의 높이, 수질, 유속, 급수, 지하수 등을 모니터링하고 사용량을 예측하는 데 이런 기술이 필요하다. 정부의 엄격한 규제와 더

불어 스마트 시티가 점점 발전하고 농업과 산업 용수를 안정적으로 관리할 필요가 커지면서 물 관리는 더욱 중요한 영역이 되고 있다. 물 관리 전문가는 수문학적인 지식을 바탕으로 생태 및 도시공학 전문가들과 협력해 효율적인 물 관리와 사용을 도모할 것이다.

통합 생태 복원 관리자

하는 일

자연환경에 대한 관심과 가치는 미래에 더욱 커질 것이며, 건강한 생태환경을 유지하고 복원하는 일에 많은 예산과 노력이 투입될 것이다. 정부 공무원의 형태로 일하게 될 '통합 생태 복원 관리자'는 환경오염으로 손상된 생태계를 복원하고, 다양한 생물종이 건강하게 공존할 수 있는 환경을 만든다. 이들은 통합적인 관리자인 만큼 식물, 동물, 토양, 수질 등 다양한 요소를 고려해 생태계를 건강하게 되돌린다. 또한

통합 생태 복원 관리자는 환경 정책 전문가, 현장 생태 복원 전문가, 유전공학 및 생물복제 전문가 등 다양한 분야의 사람들과 팀을 이뤄 일할 것이다.

자격

다양한 전문가와 협업하는 만큼 생태학, 환경과학, 식물학, 수문학 등의 학문적 지식이 필요하고, 커뮤니케이션에 능숙해야 한다. 또한 정부에 소속돼 생태계를 통합적으로 관리하기 위해서는 정책 이해 능력도 필요하다.

폐기물 재활용 전문가

하는 일

폐기물 재활용 전문가는 폐기물을 고품질의 재료나 제품으로 재창조하는 역할을 한다. 지구의 유한한 자원은 계속 고갈되다 결국은 한계 상황에 직면할 것이며, 채취나 추출비용 또한 지속적으로 상승할 것이다. 따라서 기존의 폐기물을 재활용하기 위한 전방위적인 노력이 진행될 예정이다. 관련 기술이 개발되면 폐기물 재활용도 수익성 좋은 산업 분야가 될 수 있다. 폐기물 재활용 전문가는 재료나 소재에 대한 전문지식으로 제품 수명을 최대화하고 폐기물에서 재료를 효과적으로 재생하는 엔지니어링을 담당한다. 최근에 고안된 '무한 순환 공정'은 모든 재료를 기본 화학 성분으로 분해해 재료의 끝없는 재활용 가능성을 열어주고 있다. 아직은 기술적, 경제적 한계로 완벽한 무한 순환은 어렵지

폐기물을 재사용해 자원의 수명을 늘리려는 노력이 늘고 있다. ━━━━━

━━━━━━━━━━━━━━━━━━━━━━━━━━━ 출처_Hi4CSR

만 점점 더 높은 수준의 순환을 향해 가고 있다. 이러한 기술이 나노 단계까지 발전하면 거의 모든 폐기물에서 재료가 회수될 수 있어 '폐기물 제로' 목표를 충족할 수도 있다. 폐기물 재활용 전문가는 재료과학, 산업 디자인, 제조 분야에서 높은 전문성과 자격을 갖춰야 하며 앞으로 다양한 분야에서 인력 수요가 발생할 전망이다.

고령자 기후 솔루션 컨설턴트

하는 일

혹한과 폭염이 반복되는 극단적인 기후 양극화는 고령자에게 특히 위험하다. 극한의 기후 상황으로 인한 인명 피해의 대부분이 신체 기능이나 면역력이 저하된 고령자에게 집중될 수밖에 없기 때문이다. '고령자 기후 솔루션 컨설턴트'는 정부와 협력해 극한의 날씨로부터 고령자를 보호하기 위한 다양한 대책과 맞춤형 전략을 설계하는 역할을 담당한다. 이러한 솔루션에는 날씨에 대한 경고 시스템과 자동화된 모니터링, 의료 시스템, 개별 컨설팅 등이 포함된다.

자격

극한적 기상현상이 고령자의 건강에 미치는 영향에 대해 충분한 지식을 갖고 있으며, 지역사회의 특성과 요구에 맞는 창의적인 전략을 창출해낼 수 있어야 한다. 또한 고령자와 대화하고 이들을 설득할 수 있는 커뮤니케이션 역량이 요구된다.

신소재 엔지니어

하는 일

신소재는 우리가 일상 용품과 관계하는 방식을 변화시킬 것이다. 가령 '탄소 나노튜브'는 전자기기의 배터리를 더 오래 지속하고 충전 속도를 올릴 수 있으며, '그래핀'은 스마트폰 등에서 접히고 구부러지는 디스플레이를 구현할 수 있다. 단열성과 보온성이 뛰어난 '에어로겔'이라는 소재는 건물 단열재나 패딩 재킷에 활용되며 '전자섬유'는 의류에 전자기기를 결합할 수 있어 스마트 운동복을 만들 수 있다. 인체에 무해하면서 다른 신체기관의 부작용 없이 작동할 수 있는 반유기질 소재 임플란트도 하나의 예시다. 이처럼 신소재는 우리의 일상용품을 더 강하고 가볍고, 스마트하게 만든다. '신소재 엔지니어'는 인간의 삶을 개선할 수 있는 기능적인 신소재를 개발해 다양한 산업에 접목하며 이러한 소재가 제품에 어떻게 적용될 수 있는지 연구한다. 에너지 절감이 가능한 강하고 가벼운 재료, 영구히 재활용이 가능한 물질, 원소 단위까지 쉽게 분해되는 소재 등도 신소재 엔지니어들이 개발해야 할 영역이다. 이들은 응용 프로그램을 개발하는 과정에서 STEM 분야의 지식과 창의적인 아이디어를 결합할 것이다.

OLED 전자섬유 디스플레이 개념도 ━━━━━━━━━━━━━━━

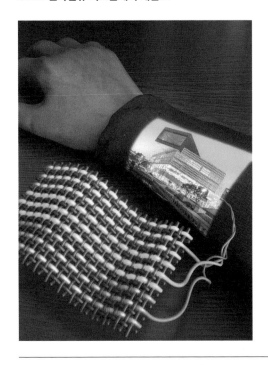

━━━━━━━━━━━━━━━━━━━ 출처_카이스트

자격

신소재 엔지니어야 말로 재료공학, 화학, 물리학, 기계공학, 나노과학 등 다양한 분야의 융합적인 지식을 갖춰야 한다. 이들에게는 실험하고 분석하는 능력과 함께 창의적인 기업가정신 또한 필요하다.

인문사회 및 예체능 계열
유망 직업

인문사회 계열

학문적 융합이 강화되면서 문과나 이과, 자연공학과 인문사회, 예술 등의 분야를 구분하는 것이 점점 더 무의미해지고 있다. 이러한 흐름 속에서 문과 계열 직업도 기술 발전과 사회변화에 맞춰 다양하게 생겨나고 있다. 앞서 소개한 유망 직업과 산업이 이과 계열 중심이라 섭섭하고 불안감을 느낀 독자들이 있을 것이다. 하지만 미래에도 물론 인문사회 계열의 지식과 전문성을 갖춘 사람들이 필요하다. 전통적인 인문사회과학 기반의 직업뿐만 아니라, 창의성과 융합적 사고를 요구하는 새로운 형태의 다양한 직업이 생겨날 것으로 보인다. 디지털 전환에 따라 기술과 예술, 인문, 사회적 가치를 융합한 새로운 직무와 역할이 생겨나고 있으며, 이 분야에서는 '인문학적 통찰력'과 '인간 중심의 접근'을 요구하고 있다. 이러한 직업들은 사회적 현상과 인간의 행동, 문화적 코드 등을 해석하며, 사람과의 소통을 바탕으로 사회적·경제적 가치를 창출하는 데 중점을 둔다. 다음은 인문사회 계열에서 유망하거나 주목할 만한 직업들이다.

유망 직업

콘텐츠 크리에이터 및 디지털 콘텐츠 전문가

하는 일

'콘텐츠 크리에이터' 및 '디지털 콘텐츠 전문가'는 유튜브, 블로그, 소셜 미디어 등을 통해 창의적인 콘텐츠를 제작해 대중과 소통하고 수익을 창출하는 직업이다. 이들이 다루는 콘텐츠에는 영상과 글, 이미지 등 다양한 형태가 포함되며, 미래에는 활동무대도 메타버스, VR, AR 같은 기술을 활용한 새로운 플랫폼이 될 가능성이 크다. 이들의 주요 활동은 개인 채널 운영, 브랜드 협업, 디지털 마케팅 기획 등이며 교육 및 컨설팅 업무를 수행하기도 한다. 이들은 주제를 선정하는 것에서부터 콘텐츠를 제작하고 마케팅해 성과를 분석하는 전반적인 과정을 관리한다. 콘텐츠 크리에이터의 수익 모델로는 광고, 협찬, 후원, 굿즈 판매, 강의 및 컨설팅 등이 있다.

성공적인 크리에이터가 되기 위해서는 기획력을 비롯해 콘텐츠 제작 능력, 디지털 마케팅 역량, 커뮤니케이션 능력, 데이터 분석력 등이 필요하다. 또한 창의성과 전략적 사고, 최신 트렌드에 대한 이해가 필수적이며, 변화하는 디지털 환경에 유연하게 대응할 수 있는 능력이 요구된다.

문화 콘텐츠 기획자 및 트렌드 분석가

하는 일

'문화 콘텐츠 기획자' 및 '트렌드 분석가'는 사회, 문화, 예술 등의 다양한 영역에서 트렌드를 파악하고 이를 바탕으로 독창적이고 영향력 있는 콘텐츠를 기획하는 전문가다. 이들은 대중의 관심사와 변화하는 문화적 흐름을 분석해 새로운 기획 아이디어와 전략을 제시하고, 콘텐츠가 시장에서 효과적으로 소비될 수 있도록 설계한다. 또한 데이터와 문화적 인사이트를 결합해 트렌드를 예측하고, 브랜드나 조직의 문화적 정체성을 강화하는 일도 수행한다.

[자격]

이 분야에서 성공하기 위해서는 창의적 기획력, 분석적 사고, 트렌드 예측 능력, 그리고 뛰어난 스토리텔링 역량이 요구된다.

디지털 마케팅 및 브랜딩 전문가

[하는 일]

'디지털 마케팅 및 브랜딩 전문가'는 온라인 채널을 통해 브랜드의 가시성과 인지도를 높이고, 타깃 고객과 효과적으로 소통해 강력한 브랜드 이미지를 구축하는 전문가다. 이들은 소셜 미디어, 콘텐츠 마케팅, 검색엔진 최적화, 이메일 홍보 등 다양한 디지털 전략을 사용해 브랜드 스토리를 전달하고, 고객의 관심과 참여를 유도한다. 또한 데이터를 분석해 마케팅 성과를 평가하고 지속적으로 전략을 최적화하는 것도 이들의 역할이다.

[자격]

창의적 기획력, 데이터 기반 의사결정, 디지털 트렌드 이해, 그리고 통합적인 커뮤니케이션 능력이 핵심 역량으로 요구된다.

스토리텔러 및 스토리텔링 코치

하는 일

'스토리텔러' 및 '스토리텔링 코치'는 이야기를 통해 메시지를 효과적으로 전달하고, 청중의 공감과 몰입을 이끌어내는 전문가다. 이들은 조직, 개인, 브랜드의 정체성과 비전을 매력적으로 표현하며, 청중과 깊은 공감과 연대를 형성한다. 효과적인 이야기 구조와 전달 방법을 교육하고, 연설과 프레젠테이션, 콘텐츠 기획 등 다양한 맥락에서 메시지를 전달하는 기술을 개발하기도 한다. 이들은 특히 조직 내에서 변화 관리나 소통 강화에 중요한 역할을 하는데, 사업 분야나 전략에 주요한 변화가 생겼을 때 구성원에게 변화의 필요성과 방향성을 스토리텔링으로 전달해 공감을 끌어낼 수 있다.

자격

스토리텔러가 되기 위해서는 창의적 스토리 구성 능력, 청중 분석, 공감 능력, 설득력 있는 커뮤니케이션 능력 등이 요구된다.

지속 가능성 전문가 및 사회 공헌 기획자

하는 일

'지속 가능성 전문가' 및 '사회 공헌 기획자'는 환경적, 사회적 책임을 고려해 지속 가능한 비즈니스 전략을 수립하고 조직의 사회적 가치를 극대화하는 역할을 한다. 이들은 ESG 기준을 바탕으로 지속 가능성 목표를 설정하고 친환경 경영, 사회적 영향력 프로그램, 커뮤니티 지원 프로젝트 등을 기획한다. 예를 들어 패션 브랜드 아디다스에서는 지속 가능성 전문가팀이 해양환경보호단체와 협력해 바다에서 수거한 플라스틱으로 신발과 의류를 만드는 프로젝트를 진행했다.[20] 이처럼 지속 가능성 전문가는 이해관계자와의 협력과 커뮤니케이션을 통해 조직의 지속 가능성 성과를 관리한다. 이들은 기업이 장기적으로 사회와 환경에 긍정적인 변화를 만들어내는 것을 목표로 한다.

요즘은 많은 기업이 지속 가능성 목표를 공표하고 성과를 보고한다. —————

————————————————— 출처_한화(상), SK하이닉스(하) 홈페이지

미래 교육 및 학습 디자이너

[하는 일]

'미래 교육 및 학습 디자이너'는 기술과 교육 이론을 결합해 혁신적인 학습 경험을 설계하는 전문가다. 이들은 AI, VR, AR 등 최신 기술을 활용해 학습 콘텐츠와 환경을 설계한다. 기술의 도움이 있으면 학습자의 개별 능력과 관심사, 학습 속도 등에 맞게 보다 개인화된 학습 경로를 제시할 수 있고, 학습자의 실시간 데이터를 분석해 학습 수준과 평가 방법을 개선하는 적응형 학습도 할 수 있다. 미래 교육 및 학습 디자이너는 이러한 기술적 도구를 통해 학습자의 몰입도와 성과를 향상시킨다. 또한 데이터를 분석해 필요 시 변화 관리 기법으로 새로운 학습 방식을 정착시키는 역할도 수행한다.

[자격]

문제를 창의적이고 인간 중심적으로 해결하기 위한 '디자인 사고'와 함께 교육 이론 및 지식, 기술적 전문성, 프로젝트 관리 및 리더십 능력이 요구된다.

원격 근무 및 조직문화 컨설턴트

[하는 일]

'원격 근무 및 조직문화 컨설턴트'는 분산된 근무 환경에서 조직의 소통과 협업, 문화 형성을 지원하는 전문가다. 심리학, 사회학, 경영학 지식을 활용해 조직 구성원의 참여와 몰입도를 높이고, 원격 환경에서도 일관된 조직 정체성을 유지할 수 있도록 전략을 개발한다. 주요 업무는 디지털 협업 체계 설계, 원격 근무 정책 수립, 팀 간 신뢰 구축 프로그램 개발, 리더와 직원 간의 효과적인 커뮤니케이션 촉진 등이다. 이를 통해 조직이 원격 환경에서도 장기적인 목표를 달성하도록 지원한다. 실제로 코로나19 팬데믹 때 원격 근무를 시행한 국내외 기업이 많다. 지금은 X가 된 트위터는 팬데믹 기간에 영구적인 원격 근무 정책을 도입하면서 직원의 만족도와 생산성이 저하되지 않도록 여러 정책을 시행했다.[21] 원격 근무를 위한 명확한 가이드라인을 도입하고 커뮤니케이션을 개선하기 위해 가상 타운홀 미팅과 주기적인 피드백 세션을 운영했으며, 직원들이 원격 환경에서도 소속감을 느낄 수 있도록 온라인 커뮤니티를 활성화하기도 했다. 비록 트위터는 경영진이 교체되며 원격 근무 정책이 폐지됐지만, 앞으로는 다양한 기업에서 원격 근무에 따른 컨설팅 수요가 일어날 수 있다.

커뮤니티 매니저 및 소셜 코디네이터

[하는 일]

'커뮤니티 매니저' 및 '소셜 코디네이터'는 온라인과 오프라인 커뮤니티의 관계를 구축하고 유지하는 전문가다. 브랜드, 조직, 커뮤니티의 목소리를 대변하고, 사용자나 회원과의 소통을 통해 강력한 네트워크를 형성한다. 이들의 업무는 커뮤니티 관리, 콘텐츠 기획, 이벤트 기획 및 운영, 사용자 피드백 관리, 위기대응 등을 포함한다. 특히 소셜 미디어 플랫폼을 통해 활동이 이루어지는 경우가 많은데, 이들의 활동은 브랜드 인지도를 높이고, 사용자 참여를 유도하며 긍정적인 커뮤니티 문화를 형성하는 데 초점을 맞춘다.

[자격]

뛰어난 커뮤니케이션 능력, 공감 능력, 데이터 분석 역량, 그리고 트렌드 이해가 필수적이다.

창의적 융합 전문가 및 큐레이터

[하는 일]

'창의적 융합 전문가 및 큐레이터'는 다양한 분야의 지식과 기술을 결합해 새로운 아이디어와 콘텐츠를 창출하는 역할을 한다. 이들은 예술, 과학, 기술, 문화 등 여러 영역의 자원을 통합해 혁신적인 프로젝트를 기획하고, 다양한 관점을 연결해 창의적인 솔루션을 도출한다. 예를 들어 로봇공학 회사 보스턴 다이내믹스는 로봇 기술을 단순히 산업용에 국한하지 않고 엔터테인먼트와 예술 분야로도 확장했다. 로봇이 춤을 추는 퍼포먼스를 통해 기술의 대중적 이해도를 높이고 기업의 이미지를 강화하는 전략을 폈는데, 이럴 때 창의적 융합 전문가가 도움이 될 수 있다. 이들의 주요 역할로는 콘텐츠 큐레이션, 창의적 전략 수립, 협업 네트워크 구축, 융합형 학습 경험 설계 등이 있다. 창의적 융합 전문가는 트렌드를 파악하고 다학제적으로 접근함으로써 독창적이고 의미 있는 경험을 제공하며 이를 통해 교육, 예술, 비즈니스 등 여러 분야에서 새로운 가치를 창출한다.

[자격]

성공적인 창의적 융합 전문가가 되기 위해서는 디자인 사고, 비판적 분석, 커뮤니케이션 능력이 요구된다.

국제관계 및 글로벌 커뮤니케이션 전문가
[하는 일]

'국제관계 및 글로벌 커뮤니케이션 전문가'는 국제적 이슈와 문화적 차이를 이해하고, 이를 기반으로 효과적인 소통 전략을 수립해 글로벌 환경에서 조직 간 협력과 이해를 촉진한다. 주요 업무에는 다국적 조직과의 파트너십 구축, 글로벌 커뮤니케이션 전략 수립, 공공 외교 활동 등이 포함된다. 또한 문화 간 이해를 바탕으로 갈등을 조정하고, 복잡한 글로벌 이슈를 해결하는 역할도 수행한다.

국제관계 전문 커뮤니케이터가 되기 위해서는 뛰어난 언어 능력, 문화적 민감성, 전략적 사고, 설득력 있는 의사소통 능력이 필수적이다. 또한 국제적 네트워크와 외교적 감각을 갖추는 것도 중요하다.

디지털 법률 및 정책 전문가

하는 일

'디지털 법률 및 정책 전문가'는 디지털 기술의 발전에 따라 발생하는 법적, 윤리적, 정책적 이슈를 다루는 일을 한다. 이들은 데이터 보호, 개인정보 관리, 사이버 보안, AI 규제, 디지털 저작권 등과 관련된 법적 쟁점을 분석하고, 기업이나 정부가 이를 준수할 수 있도록 가이드라인을 제공한다. 또한 디지털 정책을 설계해 기술 혁신과 사회적 책임 간의 균형을 유지하며, 법적 리스크를 예방하고 해결하는 역할도 수행한다.

실제로 해외 빅테크 기업에서는 이런 전문가를 적극 활용하고 있다. 구글은 사내에 디지털 법률 및 정책 전문가 팀을 구성해 개인정보 보호 정책을 강화했으며[22], 페이스북(현 메타)은 유해 콘텐츠 확산을 우려해 전문가의 도움을 받아 새로운 커뮤니티 가이드라인을 수립하고 AI 콘텐츠 모니터링 시스템을 도입했다.[23] 이처럼 디지털 법률 및 정책 전문가는 복잡한 규제 환경을 이해하고 기술적 전문성을 바탕으로 이해관계의 충돌을 방지해야 한다. 그럼에도 갈등이 빚어졌을 때 법률적 대응 전략을 수립하는 것 역시 이들의 역할이다. 디지털 법률 및 정책 전문가가 되기 위해서는 규제, 디지털 윤리, 글로벌 정책 동향에 대한 깊이 온라인 플랫폼의 가이드라인을 제시하는 것도 디지털 법률 및 정책 전문가의 일이다. ——

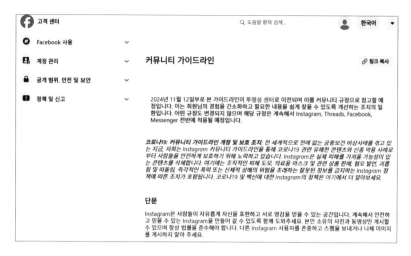

——— 출처_Meta

있는 이해가 요구된다.

UX·UI 디자이너

하는 일

UX(사용자경험)·UI(사용자인터페이스) 디자이너는 사용자의 경험을 최적화하기 위해 제품이나 웹사이트, 애플리케이션 등에서 인터페이스를 디자인한다. 이 직업은 인문학적 배경을 바탕으로 사용자 행동을 분석하고, 심리학적 접근을 통해 사용자의 요구를 파악해 더 직관적이고 편리한 경험을 제공한다. 이들은 주로 IT 기업, 스타트업, 디자인 에이전시 등에서 활동하며 디자인을 비롯해 심리학과 데이터 해석 능력을 융합적으로 활용할 수 있어야 한다.

디지털 인문학자

하는 일

'디지털 인문학자'는 데이터 과학과 인문학적 연구 방법을 결합해, 인문학 지식을 디지털 방식으로 해석하고 새로운 지식을 창출하는 직업이다. 예를 들어 SNS에서 사람들이 사용하는 단어 패턴을 분석해 현대 사회에서 온라인 대화에 관한 통찰을 얻을 수 있다. 이처럼 디지털 사회에서 인간의 행동, 문화, 정체성 등을 연구해 그 결과를 디지털 제품과 서비스의 설계에 반영하는 일도 가능하다. 또한 같은 작업이더라도 시대를 달리해 고문헌에서 나타나는 패턴으로 과거 시대상을 연구할 수도 있다. 인문학적 이해를 바탕으로 데이터 분석 기술과 컴퓨터공학적 접근법을 활용해 역사적, 문화적 연구를 진행하는 것이다. 이러한 일들을 하는 디지털 인문학자는 주로 학술 연구기관이나 디지털 아카이브 프로젝트에서 활동한다.

자격

데이터 분석과 텍스트 마이닝 같은 기술적 역량과 인문학적 해석 능력을 필요로 한다.

AI 윤리 전문가

하는 일

'AI 윤리 전문가'는 AI를 개발하고 활용하는 과정에서 발생할 수 있는 윤리적 문제를 식별하고, 기술이 사회와 인간에게 미칠 영향을 고려

AI 윤리 전문가는 AI가 공정하고 책임 있는 방향으로 쓰일 수 있도록 가이드를 제공한다.
사진은 구글AI가 알고리즘의 성 편견을 검토하는 과정. ━━━━━━━━━

출처_Google AI

해 윤리적 기준을 수립한다. 이 직업은 윤리학, 철학, 법학적 지식과 기술적 이해를 바탕으로 AI가 인류에게 긍정적인 방향으로 발전할 수 있도록 가이드를 제공하는 역할을 한다. 따라서 높은 수준의 사회적 책임과 윤리적 통찰력이 요구된다. 이들은 AI 연구소, 기업의 윤리위원회, 정책 기관 등에서 활동하게 될 것이다.

컬처 마케터

하는 일

'컬처 마케터'는 특정 문화나 커뮤니티를 기반으로 한 마케팅 전략을 수립하고, 소비자와의 문화적 소통을 통해 브랜드 이미지를 형성하는 역할을 한다. 이 직업은 문화인류학, 사회학, 마케팅을 융합해 문화적 맥락을 이해하고, 소비자 심리를 분석해 효과적인 커뮤니케이션 전략을 수립한다. 예를 들어 여행 플랫폼 기업 에어비앤비는 단순히 숙소를 제공하는 것을 넘어 현지 문화를 체험할 수 있는 다양한 프로그램을 기획한다. 여행자의 문화적 연결을 강화해 소비자 만족과 독창적 브랜드 이미지를 끌어내기 위함이다. 이런 마케팅 전략을 세우고 소비자와 소통하는 데 컬처 마케터가 도움을 줄 수 있다. 이들은 패션, 예술, 미디어, 광고 산업 등에서 주로 활동하며, 문화적 감수성과 창의적인 마케팅 능력이 요구된다.

브랜드 스토리텔러

하는 일

'브랜드 스토리텔러'는 브랜드의 철학과 가치를 스토리 형태로 전달해 고객과 정서적 유대감을 형성하고 브랜드 이미지를 구축한다. 브랜드가 추구하는 메시지를 효과적으로 전달하고 고객과 관계를 쌓기 위해서는 문학적 창의성과 심리적 통찰이 중요하다. 스토리텔링 능력과 소비자 심리 이해가 필요함은 물론이다. 브랜드 스토리텔러는 광고 에이전시, 기업의 PR 부서, 마케팅 회사 등에서 활동한다.

공공정책 분석가

하는 일

'공공정책 분석가'는 사회문제를 인문학적 관점에서 분석하고, 정책입안자들이 최적의 결정을 내릴 수 있도록 다양한 정책 대안을 제시한다. 정치학, 사회학, 경제학 등의 지식을 바탕으로 데이터를 분석해 특정 사회적 현안의 정책 효과를 예측하고 평가한다. 이들은 정부기관, 비영리단체, 정책 연구소 등에서 활동할 수 있다. 필요한 역량으로는 정책 분석 능력, 문제 해결 능력, 데이터 해석 및 의사소통 능력 등이 있다.

크리에이티브 디렉터

[하는 일]

'크리에이티브 디렉터'는 광고, 영화, 게임, 공연 등 다양한 콘텐츠의 창작 과정을 총괄하며, 예술적 비전과 창의적 아이디어로 프로젝트의 방향을 설정한다. 예술적 감각과 리더십을 바탕으로 창작 팀을 이끄는 동시에 프로젝트의 목표와 방향을 정립해 예술적 완성도를 높이는 데 기여한다. 이들은 광고 에이전시, 콘텐츠 제작사, 엔터테인먼트 산업 등에서 활동할 수 있으며 뛰어난 예술적 감각과 커뮤니케이션 능력을 필요로 한다.

디자인 씽킹 컨설턴트

[하는 일]

디자인 씽킹이란 인간 중심의 관점에서 문제에 접근해 사용자의 요구에 맞는 창의적인 해결책을 도출하는 과정이다. '디자인 씽킹 컨설턴트'는 이러한 방법론을 활용해 조직의 문제를 해결하고 혁신을 촉진하는 역할을 한다. 이 직업은 심리학, 인문학, 경영학, 공학의 융합적 접근을 필요로 하며 문제 해결 능력뿐만 아니라 창의적 사고와 프로젝트 관리 능력, 커뮤니케이션 기술 등이 요구된다.

만약 한 금융회사가 금융상품의 가입률이 낮아 고민 중이라면, 디자인 씽킹 컨설턴트는 우선 고객 인터뷰를 통해 정확한 불편사항을 진단하고 이를 해결하기 위한 아이디어를 발굴한다. 문서 디자인을 간소화하거나 상품 설명 영상을 제작하는 등 구체적인 아이디어가 나왔다면 이를 적용 가능한 초기 모델로 만들어 고객에게 테스트한다. 실제로 해당 모델로 가입률이 증가하는지 결과를 피드백하는 것까지가 모두 이들의 역할이다. 이러한 일을 하는 디자인 씽킹 컨설턴트는 경영 컨설팅 기업, 혁신 연구소, 디자인 에이전시에서 등에서 활동할 수 있으며, 조직 내에서도 혁신과 문제 해결을 위한 프로젝트를 주도할 수 있다.

경험 디자이너

하는 일

'경험 디자이너'는 특정 제품이나 서비스가 사용자에게 제공하는 경험 전체를 설계해 고객에게 특별한 감동을 전달한다. 이 직업은 단순히 제품의 기능적 디자인을 넘어서 사용자가 느끼는 전반적인 경험을 관리하고 설계하는 데 중점을 둔다. 경험 디자이너는 심리학, 인문학, 디자인, 기술의 융합적 사고를 바탕으로 사용자의 감성적 경험을 깊이 이해하고, 제품과 서비스 경험을 최적화하는 전략을 세운다. 예를 들어 한 전자기기 브랜드가 있다고 했을 때, 브랜드의 경험 디자이너는 제품을 언박싱할 때의 감동부터 초기 세팅을 할 때의 간편함, 제품의 새 기능으로 타인과 연결될 때의 기대감 등 전체적인 감정을 디자인해 사용자 만족도를 극대화할 수 있다. 이러한 직업은 서비스 디자인, IT, 문화예

술, 마케팅 분야에서 주로 활동이 가능하다. 이들에게는 인간 중심의 설계, 인터랙션 디자인, 감성 분석 능력 등이 요구된다.

사회적 기업가

하는 일

사회적 기업가는 인문학적 이해를 바탕으로 사회적 문제를 해결할 수 있는 비즈니스 모델을 개발하고, 지속 가능한 사회적 가치를 창출하는 역할을 수행한다. 이 직업은 단순한 이윤 추구를 넘어, 사회적 책임을 다하고 공동체의 문제를 해결하기 위한 혁신적이고 창의적인 접근법을 필요로 한다. 사회적 기업가는 주로 사회학, 경영학, 철학, 경제학의 융합적인 사고를 바탕으로 비즈니스 전략을 수립하며, 사회적 문제 해결을 위한 창업 역량과 리더십을 갖춰야 한다. 예를 들어 환경보호를 목표로 한 친환경 제품을 개발하거나, 저소득층 지원을 위한 사회적 기업을 운영하는 등 기업 활동을 통해 사회적 변화와 혁신을 이끌어낼 수 있어야 한다. 이들은 사회적 기업, NGO, 비영리단체 등에서 활동이 가능하며 지속 가능한 사회적 가치를 실현하는 것을 목표로 한다.

앞서 소개한 직업들은 문과적 사고를 기반으로 사회·문화적 맥락에서 사람과 소통하고, 인간 중심의 접근을 통해 문제를 해결하거나 가치를 창출한다. 인문학적 소양을 바탕으로 기술, 디자인, 사회문제 등 다양한 영역에서 창의적이고 혁신적인 접근법을 취하는 것이 이들 직업의 특징이다. 이러한 인간 중심의 사고와 역량은 미래 사회에서 더욱 중요하게 평가될 것이다.

예체능 계열

예체능 분야 역시 기술적·사회적 변화에 따라 직업이 다양해지고 있다. 우리가 알던 전통적인 예체능 직업 외에도 기술 융합과 창의력을 요구하는 새로운 직업들이 생겨나는 중이다. 예체능의 경계가 넓어지면서 더욱 다양한 가능성이 열리고 있다. 우선 디지털 기술의 보급과 확산으로 인해 유튜브, 인스타그램, 틱톡 등 다양한 플랫폼에서 창의적인 콘텐츠를 제작할 수 있게 되었다. 예전에 콘텐츠 제작은 전문적인 훈련을 받은 사람들의 영역이었으나 이제는 간단한 사용법만 숙지한다면 누구나 자신의 예술적 재능을 유감없이 발휘할 수 있다. 이미 음악이나 미술뿐만 아니라 춤, 패션 등 다양한 분야에서 기술을 활용한 콘텐츠 제작이 이루어지고 있으며, 많은 사람이 '디지털 콘텐츠 크리에이터'로 활동하면서 수익을 창출하고 있다.

또 하나의 떠오르는 예체능 분야로 '게임'이 있다. 게임 산업의 성장으로 예술적 감각을 필요로 하는 다양한 전문가의 수요가 늘어나고 있다. 게임 디자이너, 캐릭터 디자이너, 배경 미술 전문가, 스토리보드 작가 등이 그 예시다. 또한 VR 및 AR 기술이 예술과 콘텐츠 분야에 적용되면서 게임 산업에도 새로운 장르의 출현이 예고되고 있다.

전통적인 예체능 분야인 '스포츠' 역시 디지털 기술과 결합하면서 변화의 바람이 불고 있다. 경기력 향상과 데이터 분석에 기술이 사용되며 VR을 활용한 훈련 프로그램 등도 개발되고 있다. 또한 e스포츠의 인기가 올라가면서 이 분야에서도 코칭, 전략 분석, 데이터 기반 경기 해설 등을 수행하는 전문가 수요가 함께 증가 중이다. 이 외에도 AI, 데이터 분석, VR·AR 등 기술의 발전과 접목된 스포츠 관련 직업이 계속해서 새롭게 등장하고 있다.

미래의 예체능 직업은 기술 발전과 사회변화에 따라 새로운 형태로 변모하고 있다. 디지털 기술의 보급과 확산은 예체능 영역도 예외가 아니다. 디지털 기술, AI, 메타버스 등의 영향으로 전통적인 예체능 직업의 경계가 허물어지고 있으며, 예술과 기술이 융합된 새로운 직업이 주목받고 있다. 예술가들은 과거와 달리 더욱 다양한 미디어와 플랫폼을 활용해 창작 활동을 하게 되며, 그에 따라 예술 분야 직업의 형태와 역할도 크게 변화할 것이다. 따라서 예체능 계열의 직업을 준비할 때는 본인의 예술적 감각뿐만 아니라 기술적 이해와 디지털 매체 활용 능력도 함께 개발하는 것이 중요하다.

유망 직업

디지털 아티스트 및 콘텐츠 크리에이터

하는 일

디지털 아티스트의 일종인 '디지털 페인터'나 '3D 아티스트'는 기술을 활용해 새로운 형태의 디지털 작품을 창작하게 될 것이다. VR과 AR 콘텐츠, 3D 아트, NFT 아트 등이 그 예가 될 수 있다. 이들은 또한 메타버스 공간에서 전시회를 열거나 '메타버스 아티스트'가 되어 가상 캐릭터의 의상 및 무대 디자인을 담당할 수도 있다. 그밖에 관객과의 상호작용을 중시하는 '인터랙티브 아티스트'도 있는데, 이들은 작품과 관객 간의 경계를 허물며 새로운 형태의 참여적 예술을 만들어가고 있다. 이러한 크리에이터는 AI와 센서 기술을 활용해 경험 중심의 작품을 창작하게 될 것이다.

음악 및 엔터테인먼트 기술 전문가

하는 일

음악 및 엔터테인먼트 분야에서도 기술과 결합된 새로운 직업이 나타나고 있다. 몇 가지 직업을 예시로 살펴보자. 'AI 음악 프로듀서'는 AI 를 활용해 음악을 작곡, 편곡, 믹싱한다. AI가 생성한 멜로디를 조율해 새로운 음악을 창작할 수도 있다. 또한 '디지털 퍼포머'는 모션 캡처 기 술을 활용해 가상 캐릭터를 움직이거나 가상 콘서트를 진행하는 등 무 대 예술의 새로운 방식을 선보인다. 'AR · VR 음악 감독'은 몰입형 음악 공연을 기획하고 청중에게 새로운 음악 경험을 선사한다. 실제로 아이 돌 그룹 BTS는 콘서트 투어 중 라이브 무대에 AR 기술을 도입해 색다 른 분위기를 연출한 적이 있으며[24], LA필하모닉 오케스트라도 삼성 기 어VR을 통해 베토벤 교향곡 5번을 연주해 마치 공연을 혼자 듣는 것 같 은 경험을 제공했다.[25]

VR 화면을 통해 본 LA필하모닉 오케스트라 —————————

————————————————— 출처_LA Philharmonic

게임 및 애니메이션 분야 예술가

[하는 일]

게임과 애니메이션 분야에서는 '게임 내러티브 디자이너'와 '게임 아트 디렉터'가 중요한 역할을 하게 될 것이다. 게임 내러티브 디자이너는 게임의 스토리와 캐릭터 서사를 설계하고 플레이어의 경험을 디자인하는 스토리텔러다. 게임 아트 디렉터는 게임의 비주얼 스타일을 총괄하고, 캐릭터 및 배경 아트를 기획해 플레이어에게 시각적인 몰입감을 줄 수 있다. 또한 '가상 캐릭터 성우 및 배우'는 AI 및 모션 캡처 기술을 이용해 가상 캐릭터에 생명을 불어넣는 역할을 하며 디지털 환경에서 새로운 형태의 연기를 선보이게 될 것이다.

메타버스 및 XR 디자이너

[하는 일]

메타버스와 XR(확장현실, AR·VR·MR을 포함한 모든 형태의 혼합현실) 기술이 발전함에 따라 '메타버스 공간 디자이너'와 'XR 공연 기획자'도 예술 분야의 중요한 미래 직업군으로 자리 잡을 것이다. 메타버스 공간 디자이너는 가상현실 내에서 건축, 인테리어, 환경 디자인을 담당하며 가상공간을 창조할 수 있다. XR 공연 기획자는 AR과 VR 기술을 활용해 새로운 형태의 공연을 기획하고 제작한다. 유사한 직업으로 '홀로그램 퍼포먼스 디렉터'도 있는데, 이들은 홀로그램 기술을 통해 가수나 배우의 퍼포먼스를 기획하고 감독하는 역할을 맡게 될 것이다. 공연자가 홀로그램 형태로 등장해 색다른 퍼포먼스를 만들 수도 있겠지만, 2014년

빌보드 어워드에서 마이클 잭슨의 홀로그램이 등장해 공연한 것처럼 고인이 된 예술가나 가상 캐릭터의 공연까지도 연출할 수 있다.

문화 큐레이터 및 트렌드 기획자

하는 일

디지털 예술 큐레이터와 같은 '문화 큐레이터'도 미래에 예체능 분야에서 중요한 역할을 할 것이다. '디지털 예술 큐레이터'는 가상 전시회, 온라인 갤러리, NFT 예술 작품 등을 기획·전시하며 새로운 형태의 예술 경험을 창조하는 일을 한다. 또한 '문화 트렌드 기획자'는 예술과 문화의 최신 트렌드를 연구하고 이를 바탕으로 새로운 콘텐츠, 전시, 공연, 이벤트를 기획해 사회적 변화를 반영하는 예술을 전달한다. 예를 들어 런던에서 매년 열리는 런던 디자인 페스티벌에서는 지속 가능성이라는 사회 흐름을 반영해 기후위기와 환경보호 인식을 높이는 예술 작품에 주목한다.[26] 이런 주제의 이벤트를 기획하고 알리는 것이 이들의 역할이다. 또 다른 직업으로 '예술 커뮤니티 매니저'도 있다. 이들은 온라인 예술 커뮤니티를 관리하고 다양한 아티스트와의 협업을 기획하며 디지털 시대의 예술 생태계를 형성한다. 예를 들어 이들은 NFT 플랫폼에서 활동하며 창작자들의 컬래버레이션 이벤트를 기획할 수도 있고, 가상 갤러리를 운영하며 작품 주제와 관련한 소통창구를 만들 수 있으며, 온라인에서만 소통하던 예술 애호가들을 모아 오프라인 이벤트를 개최할 수도 있다.

웰니스와 예술 융합 전문가

하는 일

정신건강과 삶의 질에 대한 사회적 관심이 증가함에 따라 웰니스와 예술을 융합하는 전문가도 새로운 직업군으로 떠오르고 있다. 이들은 미술, 음악, 춤, 연극 등 예술을 활용해 개인의 정신적, 신체적 건강을 증진시키는 전문가다. 예를 들어 '예술 테라피스트'는 디지털 및 전통예술을 활용해 정신건강을 돌보는 치료사로, 예술을 통해 스트레스를 해소하고 창의력을 키우는 역할을 수행한다. 이들은 예술적 능력과 정신건강의 균형을 도모할 수 있도록 전문적인 코칭을 진행한다.

퍼포먼스 코치 및 멘탈 트레이너

[하는 일]

퍼포먼스 코치 및 멘탈 트레이너는 아티스트나 스포츠 선수의 심리적 안정과 창의성을 높여주는 전문 트레이너다. 예를 들어 경기 전 극심한 불안을 느끼는 운동선수가 있다면 이러한 고객의 심리적 부담감을 줄여주고 평소 컨디션을 유지해 경기력을 극대화할 수 있게 돕는 것이 이들의 역할이다. 퍼포먼스 코치 및 멘탈 트레이너는 개인별로 문제 상황과 심리 상태를 분석해 맞춤화된 훈련을 제공할 수 있다.

스포츠와 테크 융합 직업

[하는 일]

스포츠도 기술과 융합되며 새로운 직업군을 만들어내고 있다. 예를 들어 '리그 오브 레전드League of Legend(LoL)'는 현재 전 세계에서 가장 인기 있는 e스포츠 중 하나인데, 매년 열리는 LoL 월드 챔피언십이 e스포츠 업계의 큰 이벤트이기도 하다. 'e스포츠 코치 및 해설가'는 프로 e스포츠 선수나 팀의 전술을 코칭하고 전략을 분석하는 전문가다. 또한 '디지털 스포츠 퍼포먼스 분석가'는 스포츠 데이터와 AI 기술을 활용해 선수의 경기력을 분석하고 최적의 전략을 제시하는 역할을 한다. 이러한 새로운 형태의 스포츠 관련 직업은 디지털 환경에서 더욱 전문화된 운동 및 퍼포먼스 분석을 가능하게 할 것이다.

출처_Riot Games 홈페이지

문화·엔터테인먼트 산업의 미래

드림 소사이어티가 된 첫 번째 나라, 한국

네덜란드의 철학자 요한 호이징가_{Johan Huizinga}는 1938년 출간한 그의 저서 《호모 루덴스_{Homo Ludens}》에서 인간의 문명과 문화를 '놀이'의 관점에서 분석했다. 호모 루덴스는 라틴어로 '놀이하는 인간'을 의미한다. 호이징가는 인간을 이성적 존재나 도구를 만드는 존재를 넘어 놀이하는 존재로 보았다. 놀이가 단순한 오락이나 여가 활동이 아닌, 문명과 문화를 형성하는 원천이라 보았던 그는 놀이가 예술, 법, 전쟁, 철학, 스포츠 등 다양한 사회 제도와 활동에서 중요한 역할을 해왔음을 주장했다.

유사한 맥락에서 덴마크의 미래학자 롤프 엔센Rolf Jensen은 2001년 그의 저서 《드림 소사이어티Dream Society》에서 현대사회가 정보사회를 넘어 '감성'과 '이야기'가 중심이 되는 사회로 변화하고 있다고 주장했다. 그는 물질적 생산과 제조가 중심이 되는 산업사회를 지나, 20세기 후반부터는 정보가 가장 중요한 자원이 된 정보사회가 되었다고 설명한다. 그러나 정보사회는 엄청난 양의 정보가 쏟아지는 구조인 만큼 더이상 단순한 정보나 데이터만으로는 사람들의 관심을 끌 수 없게 되었다는 것이다. 이에 따라 감성적 요소와 스토리가 새로운 경제적 가치를 창출하는 '드림 소사이어티'의 시대로 접어들었다는 게 그의 설명이다.

하와이대학교의 미래학자 짐 데이터Jim Dator는 대한민국을 드림 소사이어티로의 사회 전환에서 가장 선도적인 국가로 평가한 바 있다. 그는 2004년 출간된 논문 〈미래 물결로서의 한국Korea as the Wave of a Future〉에서 한국을 정보사회에서 '꿈의 사회'로 전환한 첫 번째 국가라 말하며 그 증거로 한류(K-wave)를 제시했다. K-pop은 단순한 음악산업을 넘어서 감정, 열정, 상상력으로 가득 찬 드림 소사이어티의 대표적 상징이다. K-pop 그룹들은 자신만의 스토리로 세계관을 구축하고 이를 그룹 콘셉트와 음악에 녹여내며, 이러한 스토리를 즐기는 팬과 감성적으로 깊은 유대를 형성한다.

감성과 스토리가 중심이 되는 드림 소사이어티의 특징은 한국 기업의 브랜딩 전략, 소비자 라이프스타일, 문화산업 전반에 걸쳐 나타나고 있다. 한국 기업들은 감성적 스토리텔링을 통해 소비자와의 감정적 연결을 구축한다. 이제는 자사 제품을 홍보할 때도 단순히 기술력을 강조하는 것에서 벗어나 사용자경험과 감성적 가치를 전면에 내세운다. 예를 들어 삼성전자는 신제품 발표회인 '갤럭시 언팩' 이벤트에서 접히는 스마트폰 '갤럭시Z폴드' 시리즈의 기술적 특징뿐 아니라 이 제품을 사용함으로써 얻을 수 있는 자유롭고 트렌디한 이미지, 또 제품의 신기능을 통해 펼칠 수 있는 새로운 세계를 제시했다. 한국의 많은 스타트업과 콘텐츠 창작자가 감성적 가치와 스토리텔링을 중심으로 사업을 설계한다. 실제로 여러 스타트업이 기술력에 더해 사용자경험과 감정적 만족을 극대화하기 위해 디자인과 감성 마케팅을 중시하고 있다. 이는 사람들에게 물리적 제품이 아닌, 삶의 경험을 제공하고자 하는 새로운 비즈니스 모델이다. 한국의 소비자들도 제품의 가격과 기능을 넘어서 그 제품이 전달하는 메시지와 감정적 만족까지 고려한다.

디지털 기술로 진화하는 문화산업

지난 20여 년간 한국이 이룩한 문화 및 엔터테인먼트 산업의 눈부신 발전은, 대한민국이 드림 소사이어티의 선도 국가임을 증명하는 대표적인 사례다. 여기에 IT와 디지털 기술이 결합하면서 한국의 문화 및 엔터테인먼트 산업은 계속해서 진화하고 있다. 미래에도 이 분야는 디지털 기술의 발전, 소비자 취향의 변화, 글로벌화 등의 요인으로 인해 빠르게 변화할 것으로 예상된다. 특히 메타버스, AI, VR, AR 같은 혁신 기술이 산업 전반에 새로운 가능성을 열어주고 있으며, 소비자가 콘텐스를 경험하고 소비하는 방식에도 큰 영향을 미치고 있다.

먼저 '메타버스'와 '가상환경'의 대두는 새로운 문화와 엔터테인먼트 산업의 공간을 열고 있다. 물리적 현실과 디지털 현실이 융합된 메타버스 공간은 공연, 전시, 쇼핑 등의 활동을 하며 타인과 상호작용할 수 있는 새로운 플랫폼이 되고 있다. 예를 들어 2023년에는 K-pop 아이돌 NCT127이 메타버스 플랫폼 '로블록스'에서 버추얼 콘서트를 진행했다. 3D 아바타로 구현한 아티스트가 히트곡을 부르고, 공연 전 한정판 아이템과 가상공간 게임을 체험하는 이벤트도 즐길 수 있어 글로벌 팬덤의 호응을 얻었다.[27] 이러한 새로운 플랫폼의 등장으로 인해 아티스트, 디자이너, 콘텐츠 제작자들은 가상세계에서만 가능한 새로운 형태의 경험과 제품을 만들어낼 것이며, 미래에는 메타버스 내 경제활동도 활발해질 것이다.

또 다른 디지털 기술의 사례로 디지털 자산과 NFT(Non-Fungible Token, 대체 불가능한 토큰)가 있다. NFT란 디지털 자산의 소유권을 증명하는 블록체인 기반의 기술로 사진, 음악, 예술 작품 등의 디지털 파일에 고유한 식별 값을 부여해 원본과 소유자를 증명할 수 있는 구조다. NFT로 소유권을 인정받을 수 있게 되면서 많은 아티스트가 창작에 대한 동기부여를 얻게 됐다. NFT는 예술, 음악, 비디오, 게임 아이템 등의 소유 및 거래 방식을 혁신하면서 시장의 규모가 확대되고 있다. 향후 아티스트와 창작자는 NFT를 통해 자신의 작품을 디지털 시장에서 쉽게 거래하고 수익을 창출할 것이며, 이는 팬과 상호작용하는 새로운 방식이 될 것이다.

예술의 장르 간 경계가 허물어지면서 음악, 미술, 퍼포먼스, 테크놀로지가 융합된 새로운 형태의 예술이 발전하고 있다. 향후에는 하나의 콘텐츠가 여러 장르의 예술을 아우르며 다양한 감각적 경험을 제공할 것이다. 이는 특히 공연예술, 전시, 게임 등의 분야에서 강력한 트렌드가 될 것으로 전망된다.

NFT 경매에서 6,900만 달러에 판매된 디지털 아티스트 '비플'의 작품 ————

———————————————————————————— 출처_Beeple

문화와 엔터테인먼트 산업은 빠른 속도로 변화하고 있으며 이러한 진화 속에서 창의력과 기술적 이해, 글로벌 감각을 갖춘 인재들이 중요한 역할을 하게 될 것이다. 크리에이터와 소비자 간의 구분이 모호해지는 시대에, 새로운 형태의 경험과 참여 방식은 문화 및 엔터테인먼트 산업의 중심이 될 것이다.

FUTURE OF JOB

현재 인기 있는 직업의 미래

 학생들의 장래희망

교육부와 한국직업능력연구원에서는 매년 학생들의 희망 직업을 조사한다. 가장 최근 자료인 2023년 조사를 보면, 요즘 초중고교 학생들이 꿈꾸는 직업 상위권에 교사, 의사, 운동선수, 연예인, 유튜브 크리에이터 등이 있다고 한다.[28] 그런 만큼 이 직업들의 미래에 대해서도 궁금한 사람이 많으리라 생각된다. 앞으로도 이 직업들은 유망할 수 있을까? 여기서는 선호도 순위의 최상위권에 있는 몇 가지 직업을 살펴보고자 한다.

순위	초등학생		중학생		고등학생	
	직업명	비율	직업명	비율	직업명	비율
1	운동선수	13.4	교사	9.1	교사	6.3
2	의사	7.1	의사	6.1	간호사	5.9
3	교사	5.4	운동선수	5.5	생명과학자 및 연구원	3.7
4	크리에이터	5.2	경찰관/수사관	3.8	컴퓨터공학자/소프트웨어 개발자	3.6
5	요리사/조리사	4.2	컴퓨터공학자/소프트웨어 개발자	2.6	의사	3.1
6	가수/성악가	3.6	군인	2.6	경찰관/수사관	2.8
7	경찰관/수사관	3.4	CEO/경영자	2.6	뷰티디자이너	2.6
8	법률전문가	3.1	배우/모델	2.4	보건·의료분야 기술직	2.4
9	제과·제빵원	3.0	요리사/조리사	2.4	CEO/경영자	2.4
10	만화가/웹툰작가	2.7	시각디자이너	2.3	건축가/건축공학자	2.3

자료출처_교육부

교사의 미래

중·고등학교 학생들이 가장 선호하는 직업 1위는 다름 아닌 '교사'다. 교사의 역할은 급변하는 교육환경과 사회적 조건, 기술 발전에 따라 크게 변화하고 있다. 과거 교사의 역할이 지식을 전달하는 데 중점을 뒀다면, 앞으로의 교사는 학습의 촉진자이자 코치, 멘토로서 학생들의 학습경험을 개인화하는 데 집중할 것이다. 지금 시대는 더 이상 교사에게 의존하지 않아도 인터넷과 디지털 플랫폼을 통해 정보와 지식에 쉽게 접근할 수 있다. 이제 교사는 단순히 정보를 전달하는 역할에서 벗어나 학생들이 스스로 학습하고 비판적으로 사고할 수 있도록 촉진하는 '학습 디자이너'가 될 것이다. 이러한 변화 속에서 교사는 창의적 문제 해결 능력과 다양한 기술적 역량을 갖출 필요가 생겼으며 감정적·사회적으로도 학생을 지원할 수 있는 다재다능한 전문가가 되길 요구받는다.

디지털 기술이 교육에 깊이 통합되면서 교사도 다양한 기술적 도구를 사용하게 되었다. 온라인 학습, 하이브리드 학습, AI 기반 학습 도구 등을 효과적으로 활용할 수 있어야 하고, 가상 학습 환경이나 교육 소프트웨어, 데이터 분석 도구도 다룰 수 있어야 한다. 즉 '디지털 리터러시(문해력)'를 갖추는 것이 필수가 된 것이다. 앞으로는 AI 기술을 활용해 학습을 개인화하고 맞춤형 피드백을 제공하는 역량 또한 필요해질 것이다.

또한 빠르게 변화하는 사회에서 학생들이 불안감, 스트레스, 정서적 어려움을 겪는 경우가 많아지면서 교사가 학생의 정서적 웰빙도 지원하는 방향으로 바뀔 것이다. 앞으로는 사회적·정서적 학습을 촉진하는 교사의 역할이 더 중요해질 전망이다. 교사는 단순한 지식 전달자가 아니라 '정서적 멘토'로서 학생들이 긍정적인 자아 개념을 형성하고, 스트레스 관리나 갈등 해결, 공감 능력 등을 배울 수 있도록 도울 것이다.

교사라는 직업의 다변화도 예상된다. 온라인 교육, 원격 학습, 새로운 교육 플랫폼 등이 등장하면서 교사의 역할이 교실 내에 한정되지 않

고 여러 갈래로 확장되고 있다. 콘텐츠 제작자에서부터 교육 컨설턴트, 온라인 멘토, 학습 설계자 등 직업이 다양한 형태로 변화하는 중이다. 전통적인 교사 역할 외에도 다양한 교육 관련 직종이 생겨남에 따라 이들은 온라인 학습 코치, 하이브리드 교육 전문가 등 새로운 직업적 기회를 탐색할 수 있게 될 것이고, 글로벌 교육 프로젝트도 추진할 수 있을 것이다.

앞으로 교사의 역할은 더욱 다변화되고 복잡해지며, 그만큼 학생들에게 미치는 영향력도 커질 것이다. 교사는 앞으로도 미래세대를 준비시키는 혁신적 리더로서 교육의 중심에 자리하게 될 것이다.

의사의 미래

의사도 언제나 학생들에게 인기 있는 직업이다. 요즘은 대학에 진학했거나 사회생활을 시작한 후에도 의사가 되고 싶어 전공과 직업을 바꾸려는 시도도 많다. 그만큼 '유망한' 직업이라는 인식이 강하다. 과연 미래에는 어떨까?

의사라는 직업 또한 디지털 헬스케어 기술이 발전하고 AI와 빅데이터의 활용도가 늘어남에 따라 큰 변화를 겪을 전망이다. 의료 현장의 디지털화와 자동화가 가속화되면서 의사의 역할이 단순한 진단과 치료를 넘어 의료 데이터 분석, 환자 관리, 예방 의료에 중점을 두는 방향으로 진화할 것이다. 이러한 변화는 의사들이 새로운 기술에 적응하고, 더 높은 수준의 환자 경험을 제공할 수 있도록 전문성을 확장해야 한다는 것을 의미한다.

AI, 머신러닝, 로봇 수술, AR 및 VR 등의 신기술이 의료 현장에 속속 도입되고 있다. 앞으로 의사는 이러한 도구들을 효과적으로 사용하고 기술과 인간의 협력을 최적화하는 역할을 수행하게 된다. 특히 AI는 스스로 영상을 판독하고, 의사의 결정을 보조하며, 더 나아가 자동화된 진단을 제안할 수 있게 될 예정이다. 의사는 이러한 기술의 사용법을 이해하고 결과를 임상적으로 적용하는 '의료 데이터 분석 전문가'로서의 역할이 강조될 것이다.

앞으로 의사는 환자의 진료 기록뿐만 아니라 유전자 정보와 생활습관 데이터, 환경 요인 등 다양한 의료 데이터를 다룰 필요가 있다. 의료 데이터의 양이 폭발적으로 증가하는 만큼, 이를 효과적으로 분석하고 맞춤형 진료로 전환하는 능력이 더욱 중요해질 것이다. 실제로 국내의 여러 첨단 클리닉이 빅데이터와 AI를 활용해 진단과 치료를 수행하고 있다. 서울아산병원에서는 무수한 임상 및 유전체 데이터를 분석해 개인별 심장마비 위험을 예측하고 맞춤형 진단을 내리며[29] 세브란스병원의 정밀의료센터에서도 유전체 정보를 비롯해 환자의 임상정보와 생활 습관 등을 토대로 맞춤형 의료 서비스를 제공한다.[30] 이처럼 앞으로의 의사는 빅데이터 분석의 기초 지식을 갖추고, AI와 협력해 방대한 데이터에서 의미 있는 정보를 도출할 줄 알아야 한다. 이를 바탕으로 환자의 개별적 특성에 맞춘 진단 및 치료 계획을 설계하는 역할을 하게 될 것이다.

기존의 전통적인 의사 역할을 넘어선 새로운 의사 직무가 등장하고 있다. 데이터 분석, 의료 기술 개발, 헬스케어 정책 수립, 환자 교육 등 뻗어나갈 수 있는 분야는 다양하다. 따라서 향후 의사는 임상 현장을 벗어나서도 새로운 역할로 진출할 수 있는 기회를 가질 것이다. 의료 기

출처_datascientest.com

술 자문가, 디지털 헬스케어 설계자, 헬스케어 스타트업 창업자, 보건 정책 전문가 등이 그 예가 될 수 있다.

미래의 의사는 단순한 진단 및 치료자에서 벗어나, 기술 활용 전문가이자 데이터 분석가로서 다양한 역할을 할 것이다. 이에 따라 의사는 새로운 기술에 대한 학습력, 환자와의 소통 능력, 윤리적 판단 능력을 갖춘 융합형 전문가로 성장해야 한다. 이러한 변화는 의사들에게 큰 도전이 될 수 있지만, 한편으로는 의료 혁신을 이끌고 더 나은 의료 환경을 조성할 수 있는 기회가 될 것이다.

연예인의 미래

연예인이라는 직업은 대중문화의 변화와 기술의 발전에 따라 끊임없이 변하고 있다. 연예인의 범주는 기존의 전통적인 연예인이라고 할 수 있는 배우, 가수, 코미디언에서 확장돼 디지털 플랫폼을 중심으로 활동하는 크리에이터, 인플루언서 등 새로운 유형까지 포함하고 있다. 미래에는 이처럼 연예인의 직업적 정의와 활동 방식이 크게 변화하고 다변화될 것이다.

연예 산업은 디지털 콘텐츠를 중심으로 빠르게 변화하고 있다. 유튜브, 인스타그램, 틱톡 같은 플랫폼의 성장은 연예인이 더 이상 전통 미디어에 의존하지 않고도 자체 채널을 통해 팬들과 직접 소통할 수 있는 기회를 마련했다. 여기에 VR과 AR 같은 새로운 기술이 더해져 몰입형 콘텐츠와 가상 경험까지 제공할 수 있게 되면서, 더 개인적이고 즉각적인 방식의 관계 맺음도 가능해졌다. 심지어 메타버스 기술은 가상 연예인과 디지털 휴먼까지 등장시켰다. 이들은 실제 연예인처럼 활동하며 새로운 팬 경험을 제공한다. 이처럼 문화 및 엔터테인먼트 산업구조는 기술 발전에 의해 빠르게 재편되고 있다.

이와 함께 연예인은 기존처럼 대형 기획사에 의존하지 않고 개인 브랜드를 구축하며 독립적인 콘텐츠 제작자로서의 역할도 강화하고 있다. 이러한 변화는 연예인이 독자적으로 수익을 창출할 수 있는 기회를 확대한다. 또 NFT 같은 디지털 자산을 통해 팬들에게 독점적인 콘텐츠나

큐브 엔터테인먼트의 NFT 캐릭터 '애니베어'.
NFT 홀더에게 아티스트의 미공개 콘텐츠를 비롯한 혜택을 제공한다. ━━━━

━━━━━━━━━━━━━━━━━━━━━━━ 출처_큐브 엔터테인먼트

경험을 제공하면서 새로운 경제 모델을 만들 수도 있다. 예를 들어 연예인의 사진과 뮤직비디오, 또는 음원을 담은 NFT를 발행해 팬들에게 한정판 디지털 굿즈를 제공할 수 있는데, 이런 상품은 하나하나가 고유하게 식별되는 만큼 희소성과 소장가치가 있다. 연예인이 콘텐츠 제작자로서 역할을 갖는 동시에 팬들 역시 더 이상 단순한 소비자에 머무르지 않고 적극적인 참여자가 된다. 연예인의 활동을 지원하고 직접 콘텐츠 제작에 참여하는 등 팬덤 경제와 커뮤니티 중심의 활동도 활발해지고 있다.

연예 산업에서 더욱 중요해진 또 하나의 트렌드가 있는데, 바로 글로벌화와 다문화적 접근이다. 이미 오래 전부터 많은 연예인이 다국어 소통 및 현지화 전략을 강화하고 있다. 이 과정에서 K-pop은 글로벌 성공 사례로 주목받고 있다. 요즘은 K-pop그룹을 구성할 때도 전략적으로 외국인 멤버를 포함시키기도 하는데, 최근에는 한국인이 한 명도 포함되지 않은 다국적 그룹까지 등장했다.

마지막으로, 젊은 세대의 가치 소비가 중요해짐에 따라 연예인도 그에 맞는 활동을 따르는 추세다. 연예인은 사회적 책임을 인식하고 자신이 지지하는 가치와 신념을 바탕으로 사회적 메시지를 발신하며 긍정적 변화를 촉진하는 활동을 강화하고 있다.

Part

4

미래 직업 준비하기

미래 사회가 요구하는
5가지 직업 역량

감성지능

　미래 사회의 인재에게 요구되는 직업 역량이 있다. 이 책에서는 5가지를 살펴보려 하는데, 이 역량들은 당신이 어떤 직업을 갖길 원하든 간에 공통적으로 필요한 자질이다. 그 첫 번째는 '감성지능'이다. 디지털 전환 시대에 감성지능은 미래를 위한 핵심적인 역량으로 부상하고 있다. 역설적이게도 AI와 자동화의 시대로 더 깊숙이 진입할수록 직업 세계에서의 성공은 인간의 가장 근본적인 속성에 의해 더 많이 좌우될 수 있다. 기계가 복제할 수 없는 인간 고유의 역량에 대한 수요는 살아남을 뿐만 아니라, 번성할 것이다. 자신과 타인의 감정을 이해하고 관리하는 능력인 감성지능이 더욱 중요해지는 이유다.

감성지능에 기반한 효과적인 협업, 공감, 소통, 의사결정은 모두 디지털화되고 자동화된 세상에서 매우 중요한 역량이다. 기계는 인간보다 패턴을 잘 분석할 수 있지만, 인간보다 못하는 것도 많다. 인간은 맥락을 해석하고, 뉘앙스를 파악하고, 감정을 이해하고, 복잡한 사회적 역학을 탐색할 수 있으며, 이러한 능력은 감성지능에 깊이 뿌리를 두고 있다.

또한 기계와 조화롭게 공존해 잠재적 이익을 극대화하는 데도 감성지능이 필요하다. 예를 들어 AI는 놀라운 정확도로 질병을 진단할 수 있지만, 인간처럼 환자를 위로하고 걱정에 공감하거나 희망을 심어줄 수는 없다. 환자의 심리에 공감하고 진단 결과를 효과적으로 전달하는 능력은 사람의 감성지능에서 나온다. 또 다른 예로, 복잡한 팀 프로젝트를 수행할 때 디지털 플랫폼이라는 기술적 활용이 협업을 도울 수는 있겠지만, 구성원들이 신뢰를 쌓고 소통하며 팀워크를 유지할 수 있게 하는 것은 바로 감성지능이다.

미래에는 기술과 디지털 도구에 능숙해야 할 뿐만 아니라, 인간의 감정에 대한 친밀한 이해가 필요하다. 감성지능은 선천적인 특성과 달리 시간이 지남에 따라 육성하고 개발할 수 있다. 자기 성찰, 감정 조절, 적극적인 경청, 공감, 상대방에 대한 깊은 이해 등의 훈련을 통해 감성지능을 향상시킬 수 있다. 또한 학교를 포함한 기관과 기업, 정부도 조직 내 교육 프로그램에 감성지능을 통합해야 할 책임이 있다. 불확실한 미래에 대비해 감성지능을 개발하는 일은 급격히 진행 중인 자동화에 맞서 미래를 준비하는 하나의 방안이 될 수 있다. 그러나 동시에 감성지능은 만병통치약이 아니라 더 큰 퍼즐의 한 조각이라는 점을 잊어서는 안 된다. 이는 창의력, 비판적 사고, 적응력 등 미래에 대비할 수 있는 다른 기술들로 보완되어야 한다.

적응력과 회복탄력성

세상이 변화하는 속도가 빨라지면서 미래 업무에 접근하는 방식에도 유연성이 요구되고 있다. 변화에 적응하고, 필요할 때 방향을 전환하고, 새로운 기술을 학습하고, 좌절과 실패에 능동적으로 대응하는 역량은 21세기에 직업을 탐색하는 모두에게 있어 매우 중요하다. 앞으로는 이러한 특성이 점점 더 중요한 자질로 자리 잡을 것이다. 우선 변화에 대한 '적응력'이 그 어느 때보다 필요해졌다. 적응력의 핵심은 새로운 상황에 유연하게 대응하는 것이다. 기술 발전으로 직업의 역할이 재정의되고 산업이 재구조화됨에 따라 새로운 환경에 빠르게 적응할 수 있는 기업과 개인이 경쟁우위를 점하게 될 것은 분명하다. 오늘의 기술이 내일은 쓸모없어질 수도 있고, 하룻밤 사이 새 기술이 등장할 수도 있다. 변화에 개방적이며, 자신의 위치에 안주하지 않고 학습자의 사고방식을 갖는 것이 적응력의 핵심이다. AI, 로봇, 첨단 자동화의 시대에는 변화를 항상 염두에 두며 배우고, 적응하는 자세가 가장 소중한 자산이 될 것이다.

　마찬가지로 적응력의 파트너인 '회복탄력성(Resilience)'은 역경을 견디고 다시 일어서는 힘을 의미한다. 실패와 좌절을 극복하고, 실패로부터 배우며 이를 도전기회로 전환할 수 있는 정신적, 정서적 강인함이라고 할 수 있다. 끊임없이 변하는 업무 환경에서 실패와 좌절을 피할 수는 없다. 자신이 종사하던 산업이 붕괴될 수 있고, 일자리를 잃을 수 있고, 보유하고 있는 기술이 필요 없어질 수도 있다. 그래서 미래에는 실패에도 불구하고 계속 전진할 수 있는 회복탄력성이 더욱 중요해질 것이다.

　회복탄력성과 적응력 또한 육성할 수 있는 능력이다. 자신의 노력과 타인의 조언을 통해 능력을 개발할 수 있다는 믿음을 갖는 것이 매우 중요하다. 멘토, 동료, 가족 등으로 구성된 개인적 지원 네트워크 역시 회

복탄력성을 키우는 데 핵심적인 역할을 할 수 있다. 실패와 좌절은 혼자서 극복하는 것이 아니다. 언제 도움을 구하고 어떻게 효과적으로 도움을 활용할 수 있는지 아는 것도 능력이다. 이제는 특정 분야에서 고도로 숙련되는 것만으로는 충분하지 않다. 변동성, 불확실성, 복잡성, 모호성을 특징으로 하는 오늘날의 세계는 우리에게 적응력과 회복탄력성을 요구하고 있다.

이러한 역량은 기업과 사회에도 매우 필요하다. 기업은 변화하는 시장 상황, 고객 선호도, 기술 발전에 맞춰 비즈니스 모델을 조정하는 방법을 터득해야 하며, 사회 역시 고령화, 팬데믹, 기후위기 같은 충격을 견딜 수 있는 능력을 구축해야 한다.

적응력과 회복탄력성은 미래 업무 환경의 여러 난관을 헤쳐 나갈 수 있는 무기다. 변화를 위협이 아닌 성장과 학습, 혁신의 기회로 바라보고 앞으로 나아가야 한다. 가장 똑똑하거나 가장 강한 종이 살아남는 것이 아니라, 변화에 가장 잘 대응하는 종이 살아남는다는 사실을 기억할 필요가 있다.

비판적 사고

세 번째로 살펴볼 미래 직업 역량은 '비판적 사고'다. 과거의 지식과 관행으로는 예측할 수 없는 미래로 나아갈 때, 이 자질이 반드시 필요하다. AI와 업무 자동화가 진행됨에 따라 노동시장의 초점은 기계의 범위를 넘어서는 인간의 인지 능력으로 옮겨가고 있다. 기계는 알고리즘을 통해 데이터를 처리하고 판단할 수 있지만, 변수가 완전히 정의되지 않거나 데이터 해석 중 미묘한 의사결정에 직면할 때 흔들릴 수 있다. 결국 자동화된 시스템과 인간의 통찰력을 통합하는 것, 근본과 비판적 사고에 기반해 결과를 해석하는 것은 인간에게 달려 있다. 우리는 데이터가 홍수처럼 쏟아지는 정보 풍요의 시대에 살고 있다. 이러한 정보의 바다를 항해하려면 잘못된 정보로 배가 전복되는 것을 방지하는 능력이 필요하다. 정보의 출처를 평가하고, 관점을 비교하며, 복잡한 문제를 해독할 수 있는 분별력, 즉 '비판적 사고'가 바로 그 능력이다.

미래의 업무 환경은 지속적인 변화에 적응할 것을 요구한다. 경제와 산업, 사회는 빠른 속도로 진화하고 있으며, 이때 비판적 사고는 관성과 진부함에 맞서 싸울 수 있는 무기가 된다. '정말 그럴까?', '이렇게 하면 어떨까?' 하고 호기심 어린 질문을 하도록 이끌기 때문이다. 그래서 비판적 사고는 변화에 적응하는 것을 넘어 스스로 혁신을 만드는 원동력이 될 수 있다. 동시에 우리 사회는 점점 더 상호 연결되고 다양해지고 있다. 문화적, 정치적, 사회적 차이를 극복하고 국경을 넘어서도 효과적으로 일하려면, 다양한 관점을 비판적으로 평가하고 포용해 이를 종합하는 능력이 필요하다.

급변하는 세상에서 비판적 사고를 배양해야 하는 가장 강력한 이유는 새로운 기술의 윤리적, 사회적 영향을 형성하는 데 이 역량이 중요

정보의 바다에서 중심을 잡아주는 건 비판적 사고다. ─────

한 역할을 하기 때문이다. 윤리적 딜레마는 기술 발전과 함께 점점 더 복잡해지고 있다. AI의 편향성부터 데이터 프라이버시에 이르기까지 다면적이며 중대한 영향을 미치는 문제들이 계속 등장 중이다. 이러한 윤리적 미로를 헤쳐 나가고 공정성, 존중, 공동선共同善에 기반한 결정을 내릴 수 있게 하는 능력 또한 비판적 사고다.

비판적 사고는 빠르게 변화하는 업무 환경의 깊숙한 곳을 탐색하는 데 필요한 지적 생존 기술이다. 이것은 개인만을 위한 힘이 아니다. 우리 사회의 바람직한 미래에 대한 합의 형성을 위해 집단적인 힘으로도 작용할 수 있다. 비판적 사고는 개인적 자산이자 사회적 자산으로, 우리가 직면한 변화를 이해하고 이에 적응하는 데 없어서는 안 될 중요한 역량이 될 것이다.

창의성

급속한 기술 발전과 글로벌 변화가 특징인 이 시대에 '창의성'은 필수 능력으로 부상했다. AI가 일상적인 업무를 대신하면서 인간에게는 독창적이고 혁신적인 사고, 즉 새롭고 가치 있는 아이디어를 창출해야 할 필요가 커졌다. 기계적인 일은 기계에 맡기고, 인간은 보다 창의적이고 의미 있는 일에 집중해야 한다는 의미다. 그렇다면 창의성이란 정확히 무엇일까? 넓게 정의하면 새롭고 독특한 아이디어를 떠올리는 능력이다. 하지만 더 정확히 말하자면, 창의성은 그저 새로운 발상만이 아니라 새로운 아이디어를 창출한 후 이를 비판적으로 평가하고 실행하는 모든 과정을 포함하는 개념이다. 새로운 아이디어, 복잡한 문제에 대한 참신한 해결책, 독창적 제품 등 무엇을 만들려고 하든 창의성은 거의 모든 분야에서 혁신과 발전의 핵심 요인이 된다.

미래의 업무 환경은 이전보다 훨씬 더 창의성에 크게 의존하게 될 것이다. AI가 새로운 솔루션이나 아이디어를 창출할 수 있다는 주장도 있지만, 이러한 기술은 인상적이기는 해도 여전히 인간의 손길을 필요로 한다. AI는 데이터 세트에서 학습한 패턴을 기반으로 겉보기에는 소위 '창의적인' 작품을 만들어낼 수 있다. 그러나 AI는 세상을 경험하고 느끼지 못하기 때문에 진정한 혁신적 아이디어의 원천이 되는 인간 내면과 사회에 대한 깊은 이해가 부족하다. 따라서 기술이 진보하면 진보할수록 인간의 창의성에 대한 요구는 더욱 커질 것이다.

직업 세계에서의 창의성은 단순히 새로운 제품과 서비스를 개발하는 차원이 아니라 '혁신'에 대한 사고방식을 키우는 것이다. 조직에서도 구성원이 기존의 틀에서 벗어나 자유롭게 생각할 수 있는 환경을 조성하고, 실패를 성공의 디딤돌로 여기게 하는 것이 중요하다. 끊임없는 변혁의 시대에는 창의성을 키우는 기업이 새로운 기술과 시장에 가장 성공적으로 적응하는 기업이 될 것이다. 이러한 맥락에서 미래의 직업을 준비하는 개인에게 있어서도 창의력을 키우는 것은 선택이 아니라 필수다. 창의성은 어떤 분야에 종사하고 있든, 어떤 직무를 맡고 있든 상관없이 보편적으로 적용 가능하다. 문제 해결 능력과 적응력을 향상시키며, 선형적 사고만으로는 떠올릴 수 없던 돌파구를 마련하는 힘이 여기에서 나온다.

그렇다면 어떻게 창의성을 키울 수 있을까? 이 자질은 호기심을 갖고 질문을 던지는 것, 또 새로운 경험을 추구하며 다양한 관점에 개방적인 태도를 취하는 것에서부터 시작된다. 현재에 안주하지 않는 태도가 필요한 것이다. 뇌과학자들에 따르면 익숙한 패턴에서 벗어나 두뇌가 자극을 받으면 새로운 연결고리를 형성하고 거기에서 새로운 아이디어가 떠오른다고 한다. 업무 환경에 변화를 준다든지 그림, 글쓰기, 문제 해결 연습 등 창의적인 활동에 정기적으로 참여하는 것도 두뇌를 훈련시키는 한 방법이 될 수 있다.

하지만 창의성을 기르는 것이 개인의 책임만은 아니다. 조직도 각자의 역할을 다해야 한다. 위험을 감수하고 다양한 아이디어를 존중하며 실패를 허용하는 문화를 조성하면 조직도 창의력을 크게 키울 수 있다. 브레인스토밍 세션을 업무 과정에 통합하고, 창의적인 아이디어에 대한 보상을 제공하며, 여러 분야 간 협업을 장려하는 것은 조직이 채택할 수 있는 몇 가지 전략이다. 실제로 창의적인 아이디어가 매우 중요한 애니메이션 기업 픽사는 '브레인 트러스트'라는 회의를 통해 다양한 분야 전문가가 모여 솔직한 의견을 교환한다. 지위에 상관없이 누구나 아이디어를 말할 수 있도록 명패를 없애고 테이블도 정사각형으로 바꿨다. 실패해도 괜찮다는 분위기를 형성하기 위해 경영자가 나서서 자신이 실패에 기여한 부분을 털어놓기도 한다.[31] 미래에는 이런 조직적 분위기가 더욱 중요할 것이다.

아직 존재하지 않는 미래를 향한 길을 개척하려면 창의적인 비전이

픽사의 자유로운 회의 '브레인 트러스트' ━━━━━

━━━━━━━━━━━━━━━━━━━━━━ 출처_Boston University 유튜브

필요하다. 우리는 여러 가능성을 탐색하고 혁신적인 솔루션을 창출하며, 빠르게 진화하는 세상의 복잡성을 헤쳐 나가야 한다. 불확실한 미래에 직면할 때 창의성은, 우리를 미지의 영역으로 안내하는 나침반이 될 것이다.

기술 문해력

21세기의 20여 년이 지나면서 한 가지 분명해진 것은, 기술과의 관계 맺기는 일시적인 유행이 아니라 평생의 과업이라는 사실이다. 기술 문해력(Technology Literacy)은 단순히 스마트폰이나 컴퓨터를 조작하고, 알고리즘 코딩을 할 줄 아는 것을 넘어서는 능력이다. 기술 문해력은 기술의 역할과 기술이 개인 및 사회, 직업생활 등에 미치는 영향을 이해하는 것이라고 할 수 있다. 여기에는 새로운 트렌드에 대한 인식과 다양한 기술의 작동 방식에 대한 이해, 이를 효과적으로 활용할 수 있는 능력까지 포함된다. 전통적인 업무에서 문해력과 수리력이 중요했던 것처럼, 미래의 업무 환경에서는 현대의 방언인 '기술 언어'에 대한 폭넓은 이해가 요구된다.

세계경제포럼에 따르면 오늘날 초등학교에 입학하는 어린이의 65%는 아직 존재하지 않는 직업에 종사하게 될 것이라고 한다.[32] 기술 발전이 산업과 직무의 윤곽을 급속히 재편하고 있기 때문이다. 따라서 우리는 기술의 수동적인 소비자가 아니라, 기술의 지속적인 진화를 이해하고 이에 적응하며 혜택을 누리는 능동적인 참여자가 돼야 한다. 기술 문해력의 중요성은 기술 중심의 직업에만 국한되지 않는다. 의료, 농업, 교육, 엔터테인먼트에 이르기까지 기술은 일상 업무를 자동화하고 새로운 제품과 서비스, 업무 모델을 개발하는 거의 모든 부문의 기반이 된다. 다양한 분야의 전문가들은 자신의 산업과 관련된 최신 디지털 정보를 파악해야 한다. 마케터는 타깃팅 캠페인을 위한 AI 기반 데이터 분석의 힘을 이해하고, 교사는 원격 학습을 위한 가상 플랫폼 사용에 익숙해야 하며, 농부는 정밀 농업 도구를 사용할 수 있어야 한다.

기술 문해력은 지속적인 학습 문화를 요구한다. 기술은 빠른 속도로 달려가는데 인간만 머물러 있을 수는 없다. 이제는 계속해서 지식과 기술을 업데이트해야 하므로 평생학습이 표준이 되었다. 교육과 학습을 반복하는 이러한 과정은 '적응력'과 '회복탄력성'을 촉진할 수 있으며, 미래 직업 세계의 변화하는 요구에 대비할 수 있도록 한다. 또한 기술 문해력은 '창의성'과 혁신의 촉매제가 된다. 다양한 기술의 가능성과 한계를 이해함으로써 우리는 문제를 해결하고 생산성을 높이며 가치를 창출할 수 있다. 결국 기술 문해력은 기술을 인간 능력의 대체재가 아닌 잠재력을 강화하는 도구로 보는 사고방식을 길러준다.

기술이 어디에나 존재하는 오늘날, 기술과 기술 교육에 대한 공평한 접근을 보장해야 할 필요성이 커지고 있다. 계층과 지위, 지역, 연령, 성별, 장애 등에 따른 기술 접근성의 격차는 심각한 도전 과제다. 이러한 격차를 해소하는 것은 모든 사람이 기술의 힘을 활용하는 포용적인 미래를 구축하는 데 필수적이다.

다시 말하지만 기술 문해력 향상은 선택이 아니라 미래 직업을 위한 전제 조건이다. 이제 막 직업 세계에 발을 내딛는 학생이든, 디지털 전환을 준비하는 중견 전문가든, 미래 업무 전략을 수립하는 정책 입안자든, 기술의 어휘를 이해하고 수용하는 것은 점점 더 중요한 역량이 되고 있다. "미래를 예측하는 가장 좋은 방법은 미래를 발명하는 것"이라는 영국의 물리학자이자 미래학자인 데니스 가보르Dennis Gabor의 말을 상기할 필요가 있다. 기술 문해력의 향상은 우리가 변화의 구경꾼이 아니라 미래의 설계자가 되도록 힘을 길러줄 것이다.

미래 직업에 필요한 역량

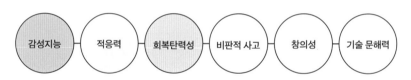

감성지능　　적응력　　회복탄력성　　비판적 사고　　창의성　　기술 문해력

FUTURE OF JOB

우리는
무엇을 준비해야 하는가

새로운 직업 트렌드 확인하기

10년 전만 해도 소셜 미디어 매니저, 지속 가능성 책임자, 데이터 사이언티스트 같은 직업은 비교적 생소했다. 그러나 디지털 기술의 급속한 발전은 불과 10년 만에 이러한 직무들을 일상적으로 만들었고, 지금도 직업 시장에 지각변동 수준의 변화를 가져오고 있다. 급변하는 환경에서 새로운 직업 트렌드를 파악하는 능력은, 미래의 직업과 경력을 준비하는 모든 사람에게 필수적이다.

미래 직업 트렌드를 식별하는 첫 번째 단계는 '기술 발전'에 대한 최신 정보를 항시적으로 파악하는 것이다. AI, 로봇공학, 생명공학의 발전은 지금은 상상할 수 없을 정도로 미래 산업을 뒤바꿀 예정이다. 특히 AI는 제조업에서 농업에 이르기까지 산업 전 분야에 급속히 침투하면서 다양한 혁신을 가져올 것이다. 이러한 기술 트렌드를 이해하는 건 새로운 직무와 직업에 대한 단서를 얻는 출발점이다. 그밖에도 글로벌 메가트렌드의 광범위한 의미를 이해하는 것이 힌트가 될 수 있다. 예를 들어 '기후위기'는 지속 가능한 관행과 재생에너지를 중심으로 많은 새로운 직업을 만들어내고 있으며, 고령화라는 전 세계적인 '인구구조 변화'는 실버 관련 제품 및 서비스의 수요 증가를 예고하고 있다.

직업 트렌드에 대한 또 다른 접근 방식은 기존 직무와 직업 역할의 '진화'를 조사하는 것이다. 향후 다수의 직업이 사라지겠지만, 한편으로는 많은 직업이 사라지지 않고 진화해 새로운 기술과 역량을 요구할 것이다. 예를 들어 클라우드 컴퓨팅과 사이버 보안의 발전은 전통적인 IT 기술이 세분화되며 각 분야의 전문가가 필요해진 경우다. 또 전통적인 마케팅 전문가가 광고와 홍보에 초점을 맞췄다면, 오늘날에는 '디지털 마케팅'이 중요해지며 검색 엔진 최적화나 데이터 분석, 소셜 미디어 광고 등의 기술이 필요해졌다. 이처럼 자신의 산업이나 관심 분야 내의 변화를 면밀히 관찰하면 미래 궤적에 대한 중요한 통찰을 얻을 수 있다.

직무의 진화 외에도 산업의 근무 형태가 바뀌며 생기는 변화도 있다. 디지털 플랫폼을 통해 촉진된 긱이코노미Gig Economy+ 및 원격 근무의

+ 산업 현장에서 필요에 따라 인력을 구해 임시로 계약하는 경제 형태.

증가는 노동 시장의 구조를 변화시키며 새로운 기회를 창출하고 있다. 이러한 트렌드는 기존의 9시부터 6시 근무 형태보다 더 큰 유연성과 자율성을 제공한다. 근무와 고용의 형태가 변하고 있음을 인지한다면, 미래 직업을 탐색할 때도 보다 적절한 준비가 가능할 것이다.

더 나아가 온·오프라인 전문 네트워크에 적극적으로 참여하면 새로운 트렌드에 대한 정보 파악에 유리하다. 업계 행사, 학술 세미나, 포럼 등에 정기적으로 나간다면 관련 업계나 학계의 동향에 대한 최신 정보와 통찰을 얻을 수 있을 것이다. 온라인에서도 페이스북이나 링크드인LinkedIn 같은 소셜 네트워크 플랫폼에서 업계 리더, 인플루언서 및 관련 조직을 팔로우해 분야별 트렌드에 대한 실시간 업데이트를 받아볼 수 있다.

직업 트렌드를 파악하는 모든 과정에서 '비판적 사고'는 일시적인 유행과 진정한 트렌드를 구별하는 데 매우 중요하다. 모든 유행과 과대 광고된 기술이 실질적인 일자리 창출로 이어지지는 않는다. 따라서 실질적인 가능성과 시장 수요 등 더 넓은 사회·경제적 트렌드를 고려해 관련 동향을 비판적으로 평가할 수 있어야 한다. 여기서 한 가지 기억해야 할 사실은 미래 예측이란 정확한 과학이 아니라는 점이다. 풍부한 정보와 데이터, 정교한 방법론을 사용한다 할지라도 미래의 모든 변화를 예측할 수는 없다. 우리가 할 수 있는 것은 어떤 변화가 일어나든 그에 적응하고 유연하게 대처할 수 있도록 적응력과 회복탄력성을 구축하는 것이다. 끊임없이 변화하는 직업 시장에서 적응력이란 특정 기술이나 능력보다 더 가치 있을 수 있다.

새로운 트렌드를 식별하는 것은 가능성 높은 곳에 베팅하는 행위가 아니다. 이는 미래 환경에 대한 체계적인 정보 수집과 분석, 이해를 바탕으로 능동적 계획을 수립하고 전략적 판단을 내리는 역량을 개발하는 것이다. 이러한 접근 방식은 불확실한 미래와 아직 존재하지 않는 미래 직업에 대비하고 적응력을 향상시키는 데 도움이 될 것이다.

최적의 전공 선택하기

미래 직업 세계에서 유리한 위치를 점하기 위해 어떤 전공을 선택할 것인가는 매우 중요한 문제다. 미래는 아직 정해지지 않았고 현재의 직업 세계도 큰 변화를 겪고 있어 결정을 내리기가 쉽지 않을 것이다. 여기서는 불확실성에도 불구하고 올바로 전공을 선택하는 방법을 몇 가지 알아보려 한다.

그 출발점으로 우선 전통적인 산업과 그에 수반되는 학문 분야를 넘어, 미래 직업을 이끌 원천 기술에 초점을 맞출 필요가 있다. AI, 생명공학, 재생에너지와 같이 신기술을 활용하는 부문은 향후 상당한 성장이 예상된다. 기후변화, 사이버 보안, 의료처럼 시급한 글로벌 문제를 다루는 분야도 유망한 경력 경로를 제공할 가능성이 크다. 따라서 대학 진학을 앞두고 있는 학생들은 이러한 분야를 탐색하는 데 필요한 지식과 기술을 갖출 수 있는 전공에 관심을 가져야 한다.

그러나 전공 선택은 산업 동향에 의해서만 결정돼서는 안 된다. 당연하게도 자신이 선택하게 될 전공 분야에 열정과 재능이 있는지를 따져보아야 한다. 열정은 지속적인 관심과 동기를 이끌어내고, 재능은 능력을 보장한다. 가장 이상적인 것은 선택한 전공 분야가 호기심을 자극하고 흥미를 끄는 것이다. 그래야 전공에 대한 더 깊은 이해와 진지하고 지속적인 학습이 가능하다. 미래의 일이란 그저 직업을 갖는 차원이 아니라, 개인적인 만족과 삶의 행복에 기여할 보람 있는 경력을 갖는 것이기 때문이다.

또 하나 전공 선택 시 고려할 사항은, 선택한 분야를 통해 습득한 지식과 기술이 어느 분야로든 쉽게 이전되어 적용될 수 있어야 한다는 점이다. 데이터 분석, 복잡한 문제 해결, 뛰어난 대인 커뮤니케이션 같은 기술은 그것이 어떤 분야이든 전문 역량을 향상시키는 데 큰 도움이 된다. 교육은 변화하는 직업 환경에서 필요에 따라 적응하고, 재교육하고, 능력을 향상시킬 수 있는 발판이 되어야 한다.

또한 대학에서 습득한 지식과 기술이 가치 있게 활용될 수 있도록 시장의 수요도 있어야 할 것이다. 미래 직업 시장의 정확한 윤곽을 예측하는 것은 어렵지만, 전반적인 동향을 알아보는 정도는 가능하다. 예를 들어 인간의 감성과 감정, 창의적 사고, 전략적 의사결정, 고급 기술 능력이 요구되는 직업은 자동화될 가능성이 적으며 미래에도 수요가 지속될 가능성이 높다.

학제 간 융합 학습에 대한 요구도 있는데, 미래의 복잡한 문제를 해결하려면 다양한 분야의 지식을 활용하는 솔루션이 필요하기 때문이다.

기후변화를 해결하기 위해서는 환경과학, 공학뿐만 아니라 사회학이나 윤리에 대한 전문 지식도 필요하다. 미래에는 이처럼 여러 학문을 연결하고 종합적인 솔루션을 개발할 수 있는 다재다능한 인재가 각광받을 것이다. 또한 공식적인 학교 교육의 범위를 넘어 평생학습을 받아들이는 자세도 중요하다. 오늘날의 변화 속도를 감안하면 대학교 1학년 때 배운 지식마저도 졸업할 쯤에 구식이 될 수 있다. 따라서 지속적인 학습과 열린 자세, 민첩한 사고방식은 모두에게 필수적이다.

마지막으로 학교 밖에서도 인턴십, 아르바이트, 자원봉사 등의 실질적인 경험 기회를 주의 깊게 살펴볼 필요가 있다. 이러한 경험은 산업과 직업에 대한 통찰력을 제공하고, 이론적 지식을 적용해볼 무대가 된다. 다양한 현장 경험은 네트워크를 구축하고, 자신이 몰랐던 새로운 열정이나 재능을 발견하는 데 도움이 될 것이다.

정리하자면, 불확실한 세상에서 올바른 전공을 택하기 위해서는 자신의 열정을 불태우고, 적응 가능한 지식과 기술을 습득하며, 시장 수요에 부합할 수 있어야 한다. 일과 직업의 환경이 계속해서 진화함에 따라, 미래는 학습 욕구와 적응 능력이 있으며 학문 간 경계를 뛰어넘을 준비가 된 인재를 요구하고 있다.

리스킬링과 업스킬링

기술은 기존 직무를 파괴하고 새로운 직무를 창출한다. 산업 분야의 종사자들은 경쟁력을 유지하기 위해 정기적으로 스킬을 '업데이트'해야 한다. 역동적이고 빠르게 진화하는 직업 세계에서 리스킬링Reskilling과 업스킬링Upskilling의 필요성이 그 어느 때보다 분명해졌다. '한 번 배우면 평생 일한다'라는 개념은 더 이상 유효하지 않으며 지속적인 학습과 개발이 새로운 패러다임이 되었다. '리스킬링'은 다른 직무나 산업으로 이동하기 위해 새로운 기술을 배우는 것을 의미하며, 업스킬링은 기존 직무에서 더 나은 성과를 내기 위해 현재 기술을 향상시키는 것을 의미한다. 두 가지 모두 미래를 대비하는 중요한 전략이다. 리스킬링과 업스킬링은 빠르게 변화하는 직업 세계에 적응하기 위한 기술로 아무리 강조해도 지나치지 않다.

지금 모든 산업을 휩쓸고 있는 디지털 전환의 물결을 상기할 필요가 있다. 이제는 IT 업계를 넘어 의료, 금융, 소매업 등 다양한 분야의 종사자가 디지털 도구와 기술에 익숙해졌다. 마찬가지로 10년 전에는 존재하지도 않았던 기술이 현재의 직업 시장을 흔들고 있다. 발전된 데이터 과학, AI, 딥러닝, 머신러닝, 생성형 LLM 등 특정 기술을 필요로 하는 새 역할이 무수히 많이 생겨났다. 여기서 리스킬링과 업스킬링은 시대에 맞춰 새로운 기술과 역량을 습득할 수 있도록 한다.

기술 발전의 속도는 가속화되고 혁신의 주기가 짧아졌다. 기술의 유효기간이 줄어들고 있다는 의미다. 특히 생성형 LLM 분야는 자고 일어나면 새로운 기술이 등장한다는 말이 나올 정도. 오늘날 최첨단 기술로 간주되는 기술이 내일은 평범해지거나 쓸모없어질 수 있다. 이에 따라 경력 개발의 개념은 잘 정의된 직급을 올라가는 수직적 상승에서 벗어나, 경력 사다리에 정기적인 업스킬링과 리스킬링이 필요한 더 복잡한 과정으로 변화하고 있다.

한편으로 업스킬링은 직무 만족도와 유지율을 향상시키는 강력한 방법이기도 하다. 정기적인 학습 및 개발 기회를 제공받는 직원은 자신의 가치를 인정받고 미래를 위해 준비되어 있다고 느끼기 때문에 더 높은 수준의 업무 몰입도를 보이는 경우가 많다. 반대로 자신의 기술이 평범해지고 있다고 느끼는 직원은 스트레스, 고용 불안, 생산성 저하를 경험할 수 있다. 활기차고 혁신적인 인력을 유지하고자 하는 조직이라면 업스킬링을 반드시 염두에 둬야 하는 이유다.

자동화와 AI가 많은 일자리를 대체할 위험이 있는 상황에서 재교육은 중요한 사회적 관심사가 되었다. 리스킬링은 기술 발전으로 일자리를 잃은 사람들이 재취업할 수 있도록 지원하며, 그들의 기술이 관련성을 유지하고 경제에 계속 기여할 수 있도록 보장한다. 또한 취약 계층에게도 교육을 통해 새롭게 부상하는 분야로 이동할 기회를 제공함으로써 사회적 형평성을 증진할 수 있다.

리스킬링과 업스킬링을 수용하려면 개인과 조직 모두의 사고방식이 바뀌어야 한다. 개인에게는 성장 마인드와 함께 학습을 목적지가 아닌 평생의 여정으로 인식하는 자세가 필요하다. 조직은 지속적인 학습 문화를 조성하고 직원들이 업무적으로나 개인적으로 성장할 수 있도록 기회를 제공해야 한다. 예를 들어 아마존은 '업스킬링 2025'라는 프로그램을 통해 직원 10만 명을 대상으로 재교육 프로그램을 운영한다. 직원들이 클라우드 컴퓨팅, 머신러닝 등 새로운 기술을 습득해 사내 다른 직무로 이동하거나 새로운 경력을 쌓을 수 있게 하기 위함이다.[33] 월마트도 '라이브 베터U' 프로그램이라는 고급 기술 교육을 시행해 직원들이 변화하는 기술 환경에 적응할 수 있도록 한다.[34] 이러한 조직의 노력은 불확실한 미래에 적응하는 인력을 유지하는 데 반드시 필요하다.

미래의 직업 세계에서는 가장 많이 아는 사람이 성공하는 것이 아니라 가장 많이 배우는 사람이 성공한다. 업스킬링과 리스킬링은 생존을 위한 전략일 뿐만 아니라, 미래 사회의 근본적인 도구다. 계속 배움으로써 개인은 미래로부터의 도전을 성장과 발전의 기회로 전환하고, 조직

직원의 업스킬링과 리스킬링을 지원하는 기업이 많아지고 있다.
사진은 아마존에서 제공하는 업스킬링 프로그램. ━━━━━━━━

≡ **amazon**   Q

Upskilling for Amazon employees   Workforce programs for the public

Skills training opportunities for employees

Career Choice

Amazon's Career Choice will pre-pay full college tuition at hundreds of education partners across the country. In addition to funding associate and bachelor's degrees, the program will also fund high school

Machine Learning University

This initiative helps Amazon employees with a background in technology and coding gain skills in this discipline. As machine learning plays an increasingly important role in

Amazon Technical Apprenticeship Program

We've created programs that provide opportunities to get trained while at work, in high-demand areas like cloud computing. This

출처_Amazon

은 경쟁력을 강화해 새로운 성장 기회를 포착할 수 있을 것이다.

경력 전환

전통적으로 경력 전환은 드문 일로 여겨졌지만, 모든 것이 끊임없이 변화하는 이 시대에는 경력 전환이 직장생활의 표준이 될 것이다. 변화를 헤쳐 나가는 데 있어 핵심은 변화를 좌절이나 혼란이 아닌 성장과 기술 확장, 새로운 관심 분야 탐색의 기회로 여기는 것이다. 자동화와 AI의 시대에 기술로 인한 일자리의 감소는 부인할 수 없는 현실이 될 것이다. 그러나 특정 일자리가 사라지는 동시에 우리가 아직 상상할 수 없는 새로운 일자리가 생겨날 것이라는 점도 고려해야 한다.

미래에는 한 가지 직업에 집착하기보다는 평생학습자가 되어 새로운 직업 세계에 적응해야 한다. 그러기 위해 지속적으로 기술과 지식을 업그레이드해야 함은 물론이다. 무엇보다도 경력 전환을 촉진하기 위해서는 '전문성 개발'에 적극적으로 접근하는 것이 중요하다. 여기에는 기술적 스킬을 습득하는 것뿐만 아니라 감성지능, 적응력, 회복탄력성 같은 소프트 스킬을 배양하는 것도 포함된다. 소프트 스킬은 기술적 스킬과 달리 쓸모없어질 가능성이 적고 여러 산업과 직무에 걸쳐 이전될 수 있는 경우가 많다.

전통적인 경력 전환 개념은 미래의 직업 세계에서 관련성을 잃게 될 것이며 다단계 커리어가 더 많아질 것이다. 일과 학습, 그리고 잠재적인 경력 단절의 시기까지 포함하는 새로운 경력 개념이 널리 퍼지고 있다. 이러한 변화는 일을 이해하는 방식이 고용 중심 모델에서 '고용 가능성', 즉 고용을 얻고 유지할 수 있는 능력에 중점을 둔 모델로 이동하고 있음을 반영한다. 고용 가능성 중심의 경력 전환 모델은, 장기적으로 근로자가 자신의 관심사와 역량을 재평가하고 새로운 기술을 습득해 더 만족스럽고 지속 가능한 일자리를 찾는 기회가 될 수 있다.

따라서 사회 입장에서 새로운 직업 환경의 주요 과제는 개인이 성공적인 직업 전환에 필요한 자원을 이용할 수 있도록 하는 것이다. 변화하는 고용 시장에 적응하기 위한 기술과 평생학습을 지원하는 교육 및 훈련 시스템이 있어야 한다. 점차 경력 전환이 정부 인력개발 전략의 핵심이 될 것으로 예상할 수 있다.

조직 역시 경직된 고용구조에서 벗어날 필요가 있다. 조직은 지속적인 학습력과 적응력을 키움으로써 개인이 경력 전환을 탐색하고 미래의 업무를 해낼 수 있도록 도와야 한다. 특히나 상호 연결된 글로벌 경제에서 고용 시장은 더욱 빈번하고 중대한 변화를 겪게 될 것이다. 개인뿐만 아니라 사회적으로도 경력 전환을 허용하고 장려하는 유연한 모델이 요구된다는 의미다. 앞으로는 경력 전환을 두려워할 것이 아니라, 이를 보다 다양하고 적응력이 뛰어나며 탄력적인 인력을 양성하는 기회로 받아들여야 한다. 경력 전환은 변화하는 업무의 본질에 대응하고, 불확실한 미래에서 개인적, 직업적 성장을 촉진하는 핵심 사항이 될 수 있다.

평생학습

　일과 직업의 미래를 전망할 때 교육이 더 이상 일회성의, 생애 초기이벤트에 그칠 수 없다는 사실이 분명해지고 있다. 진화하는 일의 환경을 탐색하는 데 있어 중요한 측면은 평생학습의 정신을 수용하는 것이다. '평생학습'은 단순한 학습의 개념을 넘어 개인이 평생 동안 지식과 기술 획득을 적극적으로 추구하는 라이프스타일이다. 이를 위해서는 학습에 대한 태도 변화가 필요하며 학습을 공부에서 습관으로, 필요에서 욕구로 전환해야 한다. 교육은 졸업장이나 학위로 끝나지 않는다. 교육은 기술의 발전만큼이나, 또 인간 독창성의 스펙트럼만큼이나 무한하고 지속적인 과정이다.

　평생학습은 새로운 기술을 습득하거나 기존 기술을 향상시키는 것뿐만 아니라, 여러 영역을 탐구하며 다양한 관점을 이해하고, 지적 호기심을 키우는 일이다. 지식과 경험을 하나의 길로만 한정하지 않고 다양한 길을 탐험하며 발견과 이해를 넓혀가는 여정이다. 이러한 지적 탐험은 점점 더 복잡해지는 세상에서 여러 점들의 노드를 연결하는 능력을 향상시킬 수 있다.

　21세기의 사회변화 속도는 가히 기하급수적이다. 새로운 기술, 방법론, 관행이 기존의 학습 구조가 따라잡기 힘든 속도로 등장하고 있다. 기술의 반감기가 짧아짐에 따라 오늘날 우리가 알고 있는 지식의 관련성이 내일은 줄어들 수 있다. 이러한 역동성이 바로 평생학습이 필요한 이유다. 우리는 끊임없이 학습에 전념함으로써 우리가 가진 기술 세트가 일과의 관련성을 신선하게 유지하고, 직업적 가치가 계속 상승할 수 있도록 해야 한다.

또한 평생학습은 전문 역량을 넘어 개인적인 삶으로 확장되어 우리 삶을 풍요롭게 한다. 새로운 언어를 배우든, 와인 시음의 복잡성을 이해하든, 천문학의 경이로움을 깊이 파헤치든 모든 새로운 학습 경험은 우리의 세계관을 넓히고 적응력과 삶의 만족도를 높인다.

디지털 전환 시대의 평생학습은 그 어느 때보다 실현 가능성이 높다. 정보가 넘치는 인터넷이 있고, 온라인 플랫폼은 전문 강좌부터 취미 튜토리얼까지 다양한 학습 자원을 제공한다. 하지만 이러한 지식의 바다를 마음대로 이용할 수 있게 되면서 가치 있는 정보를 분별하는 능력이 중요해졌다. 정보를 찾고, 평가하고, 효과적으로 사용하는 능력인 '정보 리터러시'를 개발하는 것은 평생 학습자의 또 다른 과제다.

아울러 평생학습의 여정이 결코 고독한 과정이 아니라는 점을 주지할 필요가 있다. 우리는 동료, 멘토, 심지어 흥미로운 이야기를 가진 낯선 사람 등 주변인들로부터 엄청난 것을 배울 수 있다. 동료 학습자 커뮤니티를 구축해 지식을 공유하고, 서로의 경험을 배우면 학습이 풍성해져 더욱 즐겁고 의미 있는 시간이 된다.

평생학습자가 되는 것은 더 이상 선택이 아니라 생존을 위한 필수 요소다. 미래의 일을 위해서는 반드시 부지런함과 열린 마음, 끝없는 호기심이 필요하다. 이 길을 걸어가면서 우리는 직업적 관련성을 유지할 뿐만 아니라, 개인적인 삶을 향상시키며 깊은 만족감을 키울 수 있다.

FUTURE OF JOB

생애주기별
직업 계획

이 책을 펼친 사람이라면 모두 미래 직업의 세계가 궁금하고, 어떻게 미래를 대비할 수 있을지 알고 싶을 것이다. 그러나 사람마다 처한 상황은 매우 다를 텐데, 여기서는 생애주기별로 직업을 계획하는 방법을 살펴보려 한다. 생애주기에 따라 경력 개발의 목표와 방법은 차이가 있으며, 개인의 상황과 직업적 목표에 따라 구체적인 전략이 필요하다. 지금부터는 대입을 앞둔 학생부터 부모, 사회초년생, 5060 중장년 세대에 이르기까지 자신의 상황과 목표에 맞는 직업 준비 방법을 알아보도록 하겠다.

대학 입시를 앞둔 중고생

커리어의 초석을 위한 자기탐색

중·고등학교 시기는 다양한 경험을 통해 흥미와 적성을 파악하고, 장기적인 커리어 계획의 초석을 마련하는 때다. 이 시기에는 자신의 관심사를 탐색하고 다양한 분야에 노출되는 것이 중요하다. 흥미와 적성에 대한 진로검사를 해보거나 스스로의 강점과 약점을 파악하는 진로 관련 워크숍에 참여해 직업 세계에 대한 이해를 높일 필요가 있다. 취미활동과 학교 동아리, 대외활동 등을 통해 자신이 무엇을 좋아하는지, 무엇을 잘하는지 찾는 것이 중요하다. 더 현실적으로는 직업 체험 프로그램이나 인턴십 기회를 통해 실제 직업의 일상을 경험하고, 이를 바탕으로 진로 계획을 수립해볼 수 있다. 또한 멘토링 프로그램 등의 기회로 직업 종사자와 직접 대화해보고, 직업의 구체적인 장단점과 경력 경로를 간접적으로 경험하는 것도 도움이 될 것이다.

대학 입시를 앞둔 중고생들은 아직 직업에 대한 경험이 제한적인 경우가 많기 때문에, 자신이 원하는 진로를 더욱 명확히 설정하기 위한 준비를 해야 한다. 본격적인 직업 세계로 진입하기 전에 스스로의 적성과 관심을 탐색하고, 대학 선택을 비롯한 더 구체적인 미래 계획을 세워야 하는 시기다.

중·고등학교 시기에는 먼저 '자신에 대한 깊은 이해'가 필요하다. 스스로가 어떤 분야에 흥미를 느끼는지, 무엇을 잘할 수 있는지 고민하고 다양한 활동을 통해 자신의 강점과 약점을 파악해야 한다. 학업과 생활 속에서 자신이 어떤 활동에서 성취감을 느끼고, 어떤 환경에서 더 잘 적응하는지 경험적으로 파악하는 것도 중요하다. 학교에서 배우는 과목 중 어떤 수업을 좋아하는지, 어떤 과목에서 더 뛰어난 성과를 보이는지 확인해보고 이를 바탕으로 관심 분야를 좁혀가는 것이다.

자기 탐색과 함께 해야 할 것은 폭넓은 직업 세계에 대한 이해도를 높이는 것이다. 많은 학생들이 장래의 직업을 선택할 때 자신이 알고 있는 몇 가지 직업만을 떠올린다. 따라서 직업 탐색을 통해 다양한 직업군과 직무에 대해 이해하고, 자신이 알고 있는 직업의 범위를 확장해야 한다. 그 방법에는 여러 가지가 있는데, 먼저 다양한 직업 관련 서적과 직업인의 일상, 업무, 필요 역량 등을 알 수 있는 자료를 탐독할 필요가 있다. 또는 온라인 직업 탐색 플랫폼을 활용해 직업에 대한 구체적 정보와 인터뷰, 직무 설명 동영상 등을 참고할 수 있다. 지역 사회나 학교에서 제공하는 직업 체험 프로그램과 직업·진로 박람회 같은 행사에 참석하는 것도 좋은 방법이다. 직접 직업 세계를 경험하고 전문가와 대화해보는 기회를 가질 수 있기 때문이다. 이 과정에서 중요한 것은 다양한 직업군의 특성과 그 직업에 필요한 기술, 성격, 학위 요건 등을 이해하고, 자신이 목표로 하는 대학 전공이 해당 직업과 어떻게 연결되는지 확인하는 것이다.

대학 선택부터 유연한 진로 수정까지

희망하는 직업군과 진로 방향이 어느 정도 정해지면, 이를 뒷받침할

각종 직업 체험 프로그램과 박람회에서 진로와 관련한 정보를 수집할 수 있다. 사진은 '2024 서울진로직업박람회'.

출처_서울특별시 교육청 교육연구정보원 홈페이지

수 있는 대학 전공과 교육 프로그램을 탐색해야 한다. 특정 직업에 필요한 전공이 무엇인지, 해당 전공에서 배우는 주요 학문과 실습 내용은 어떤 것인지, 이를 통해 어떤 경력을 쌓을 수 있는지를 확인하는 것이다. 예를 들어 심리학자가 되고 싶다면 심리학 관련 전공을 탐색하고, 경영 컨설턴트를 희망한다면 경영학, 경제학, 통계학 등의 전공을 고려해야 한다. 이 과정에서는 희망하는 대학과 학과에서 제공하는 커리큘럼과 졸업생의 진로를 살펴보는 것이 중요하다. 각 대학의 홈페이지나 입학처, 대학 설명회를 통해 학과별 특성을 확인하고, 대학마다 강조하는 학문적 특성이나 실습 프로그램 구성 등을 알아보아야 할 것이다. 또한 대학 입학 후에 선택할 수 있는 복수전공, 부전공, 다양한 교양 수업 등을 통해 더 넓은 분야로 자신의 진로를 확장할 가능성도 염두에 둬야 한다.

대학 입시에는 학교 성적뿐 아니라 다양한 역량이 필요하다. 따라서 목표하는 대학과 전공의 입시 요건을 미리 확인하고, 자신에게 부족한 부분을 보완하는 전략을 세워야 한다. 예를 들어 특정 대학이 종합 전형에서 리더십, 대외활동, 자원봉사 등 다양한 경험을 요구한다면 이에 맞춰 활동 계획을 세워야 한다. 학업 성취도(내신 성적, 수능 성적)와 더불어 교내외 활동, 동아리, 리더십 경험, 자원봉사, 연구 프로젝트, 경시대회, 영어 능력 등 다양한 분야에서 입학 사정관이 원하는 역량을 갖춰야 한다. 자신이 설정한 진로와 목표를 이루기 위해서는 다양한 실천적 경험이 필요하다. 학업 외에도 진로와 관련된 동아리나 스터디 그룹에 참여해 관련 지식을 쌓고, 프로젝트 경험을 통해 리더십과 협업 능력을 강화할 수 있다. 또한 자신이 관심 있는 분야의 경시대회나 공모전에 도전해 실력을 검증받고, 수상 경력을 대학 입시에 활용하는 것도 전략이다.

진로 선택에 대해 고민이 있다면 선생님이나 부모님, 진로 상담가와의 상담을 통해 방향을 설정하는 것도 좋은 방법이 될 수 있다. 관심 있는 직업을 가진 전문가나 선배와의 인터뷰를 통해 실질적인 조언을 구하고 현실적인 정보를 얻는 것도 필요하다. 이를 통해 직업의 실제 모습을 이해하고 자신이 선택한 진로가 정말 자신과 맞는지 검토할 수 있다.

마지막으로 중고교 학생들이 직업을 준비할 때는 유연한 진로 계획과 긍정적인 태도가 필요하다. 청소년기에는 관심사와 적성이 자주 변할 수 있기 때문에 특정 직업에 지나치게 집착하기보다는 다양한 가능성을 열어두고 경험을 통해 점진적으로 자신에게 맞는 진로를 찾아가는 과정이 필요하다. 무엇보다도 목표를 이루기 위해 꾸준히 노력하면서도 실패나 좌절을 성장의 과정으로 받아들이는 긍정적인 태도를 유지하는 것이 중요하다.

고용24
진로적성검사와 흥미검사를 무료로 진행할 수 있다.

커리어넷
진로심리검사를 할 수 있고 다양한 직업과 학과 정보를 제공한다.

서울진로진학정보센터
진로종합검사와 진로 상담 프로그램을 안내한다.

부모가 알아야 할 자녀의 직업 준비

열린 마음으로 자녀의 시야를 넓혀주기

부모들이 자녀의 직업 준비를 도울 때는 특정 직업 선택을 강요하거나 결과를 중시하기보다는 자녀가 스스로의 진로를 발견하고, 자신의 흥미와 적성에 따라 미래를 설계할 수 있도록 지원하는 것이 중요하다. 자녀의 진로 선택 과정에서 부모는 중요한 조언자이자 안내자다. 특히 학부모로서 자녀가 직업을 준비할 때 현실적이고 균형 잡힌 시각을 가질 수 있도록 돕는 것이 필요하다. 자녀가 성적과 대학 입시에만 매몰되지 않고, 미래 직업 세계를 탐구해 자신만의 진로를 개척할 수 있도록 해야 한다.

자녀가 직업을 준비할 때 가장 중요한 것은 자신의 적성과 흥미를 이해하고, 이를 바탕으로 직업 세계를 탐색하는 것이다. 부모로서 자녀가 무엇을 좋아하고, 어떤 활동에서 성취감을 느끼는지를 세심히 관찰할 필요가 있다. 자녀가 특정한 분야에 관심을 보일 때 그 관심을 존중하고 더 많은 경험을 쌓을 수 있도록 도와주면 된다. 예를 들어 자녀가 음악에 관심이 많다면 단순히 음악 학원이나 교습만 추천할 것이 아니라, 음악과 관련된 직업의 다양성을 함께 알아볼 수 있는 자료나 체험 기회를 만들어줘야 한다.

이 과정에서 부모는 자녀의 흥미가 장기적으로 변할 수 있다는 점을 이해하고, 자녀가 다양한 분야를 접하며 자신에게 맞는 진로를 찾을 수 있도록 열린 마음으로 기다려주는 자세가 필요하다. 또한 자녀가 학업 외에도 다양한 경험을 할 수 있도록 지역사회나 학교에서 제공하는 진로 탐색 프로그램, 직업 체험, 인턴십 기회 등을 찾아보고 참여할 수 있도록 격려하는 것이 좋다.

부모는 자녀가 직업을 준비할 때 참고하는 가장 큰 정보원 중 하나다. 따라서 부모가 자녀에게 올바른 직업 정보를 제공하고, 다양한 직업 세계를 소개해줘야 한다. 부모가 자신의 직업에 대해서만 이야기하거나, 특정 직업군에 대한 편견과 고정관념을 심어주는 것은 자녀의 진로 선택에 부정적일 뿐이다. 예를 들어 특정 직업을 '안정적'이라고만 강조하거나 반대로 창의적인 분야의 직업을 '불안정'하다고 단정짓는 것은 자녀의 시야를 좁히는 결과를 초래할 수 있다. 자녀가 현실적인 관점을 가질 수 있도록 다양한 직업의 장단점, 필요 역량, 실제 업무 환경에 대해 균형 잡힌 시각을 제공하는 것이 중요하다. 자녀가 관심 갖는 직업에 대해 자세한 정보를 찾아보거나 직업 관련 서적, 다큐멘터리, 전문가 인터뷰 등을 함께 탐구하는 시간을 가져도 좋다. 이를 통해 자녀가 더 폭넓은 시각으로 각 직업의 사회적 가치와 역할을 이해하도록 도와줄 수 있다.

자녀가 다양한 진로를 탐색할 수 있도록 더 적극적인 도움을 줄 수도 있다. 예를 들어 학교에서 진행되는 진로 탐색 프로그램이나 지역사회에서 열리는 직업 박람회, 체험 프로그램 등에 함께 참여할 수 있고, 직접 자녀가 관심 있는 직업의 현장체험 기회를 찾아볼 수도 있다. 때로는 부모가 자신의 인적 네트워크를 활용해 자녀가 원하는 분야의 전문가를 만나 대화해보고 멘토링을 받는 기회를 제공할 수도 있다.

자녀의 진로 선택을 존중할 것

부모는 자녀가 '주도적'으로 관심 분야를 탐색하고 계획을 세울 수 있도록 격려해야 한다. 부모가 모든 것을 대신 계획하거나 지나치게 개입하기보다 자녀가 스스로 선택하고 경험할 수 있는 기회를 주자. 예를 들어 자녀가 특정 직업에 대해 궁금해 한다면 관련 자료를 스스로 찾아보게 하고, 부모는 그 과정을 지켜보다가 필요한 부분에서만 조언을 제공하는 것이다.

자녀마다 각기 다른 학습 스타일과 성향이 있다. 어떤 자녀는 이론적인 학습을 선호하고 어떤 자녀는 실천적인 경험을 통해 배우는 것을 더 좋아한다. 따라서 부모는 자녀가 어떤 방식으로 배울 때 가장 즐거워하고 효과적으로 학습할 수 있는지 이해하고, 이에 맞는 진로 준비를 지원해야 한다. 가령 자녀가 프로젝트나 현장체험을 통해 배우는 것을 좋아한다면, 관련 경험을 쌓을 수 있는 캠프나 워크숍에 참여하도록 할 수 있다. 자녀가 내향적이거나 감수성이 예민한 경우에는 사람을 많이 만나는 직업보다 혼자 집중할 수 있는 직업이 더 맞을 수도 있다. 반대로 외향적이고 사교성이 강한 자녀라면 사람들과 협력하고 교류하는 직업을 탐색하도록 도와주는 것이 좋다. 이처럼 자녀의 성향과 학습 스타일을 존중하고 이에 맞는 다양한 진로를 탐색할 수 있도록 부모가 조력자 역할을 해야 한다.

부모로서 자녀의 미래에 대한 기대를 가지는 것은 자연스럽지만, 그 기대가 지나치게 큰 경우 자녀에게 부담이 될 수 있다. 자녀가 특정 직업을 선택하지 않거나 부모의 기대에 미치지 못한다고 해서 실망하기보다는 자녀의 선택을 존중하고 그 과정에서 필요한 조언을 제공하자. 자녀가 원하는 직업이 부모가 생각하는 직업과 다를 때도 부모는 그 선택을 존중하고 자녀가 스스로 결정할 수 있도록 자율성을 보장해야 한다. 이 과정에서 부모는 '어떤 직업을 선택하느냐'보다는 자녀가 선택한

길에서 행복을 느끼고 자신의 역량을 최대한 발휘할 수 있는 환경을 찾는 데 중점을 둬야 한다. 또한 직업을 결정하는 과정에서 실패나 좌절을 겪더라도 이를 자연스러운 성장의 일부로 받아들이고 자녀가 다시 도전할 수 있도록 격려하는 것이 필요하다.

결국 이 모든 것은 자녀의 행복을 위한 일이다. 자녀의 직업 준비 과정에서 학업 성적만을 강조하기보다는, 삶의 균형을 유지하면서 건강하고 행복하게 진로를 탐색할 수 있도록 돕는 것이 부모의 역할이다. 부모는 자녀가 공부뿐 아니라, 다양한 경험을 통해 삶의 의미와 가치를 찾을 수 있도록 도와야 한다. 자녀가 스트레스를 받거나 과도한 부담을 느낄 때는 학업과 직업 준비에서 잠시 벗어나 휴식을 취하도록 조언하는 것도 부모가 할 일이다. 이럴 땐 다른 취미활동이나 여가를 통해 삶의 즐거움을 경험하도록 해야 한다.

부모는 자녀가 건강한 자아를 형성하고, 미래에 대한 긍정적인 태도를 가지는 데 있어 매우 중요하다. 앞서 언급한 여러 지원을 바탕으로 자녀가 자신의 진로를 주체적으로 탐색할 수 있도록, 그래서 직업 선택 과정에서 자아실현을 할 수 있도록 도와주는 것이 부모의 역할이다.

첫발을 내딛는 사회초년생

20대는 학업과 실무 경험을 통해 경력의 기초를 다지는 시기다. 이 시기에는 자신의 전공과 관심 분야에 맞는 실무 경험을 통해 경력을 개발해야 한다. 인턴십, 연구 프로젝트, 봉사활동 등으로 직무 관련 기술을 습득하고, 자신의 전문성을 강화할 수 있다. 또한 직무에 필요한 핵심 기술을 학습하는 것에 더해 데이터 분석, 디지털 마케팅, 외국어 등 미래 유망 직종에서 요구되는 기술을 익혀 경쟁력을 높이는 것이 좋다.

네트워킹에도 적극적이어야 하는데, 사회 초년의 시기에는 전문가와의 관계를 구축하고 커리어 성장에 필요한 다양한 정보를 얻도록 해야 한다. 링크드인 같은 소셜 플랫폼을 활용해 네트워크를 확장하고, 자신을 효과적으로 홍보하는 포트폴리오를 구축해 성과와 능력을 체계적으로 정리하는 것도 중요하다. 더불어 멘토링 프로그램이 있다면, 경력 초기 단계의 어려움을 헤쳐 나갈 수 있는 조언을 듣고 지속적인 피드백을 받을 수 있는 기회를 만들면 좋다.

경력의 출발점에서 해야 할 일

대학을 졸업하고 처음 사회에 진출하는 사회초년생에게 직업 준비는 인생의 중요한 전환점이자 새로운 출발점이다. 학교라는 보호된 환경에서 벗어나 실질적인 직업 세계에 뛰어드는 이 시기부터는 자신의 전문성을 증명하고 커리어를 쌓아나가야 한다. 성공적으로 진로를 시작하기 위해 직업 준비와 경력 개발에 있어 철저한 계획과 전략이 필요하다. 사회에 진출하기 전에 먼저 해야 할 것은 자신을 객관적으로 분석하고, 자신이 어떤 직무에 적합한지 파악하는 것이다. 자신의 흥미와 강점, 가치관을 재점검해야 하는데, 흥미검사나 적성검사를 활용할 수도 있고 과거의 인턴 경험과 학습 프로젝트, 동아리 활동 등에 비추어 자신이 잘하는 영역을 구체화할 수도 있다. 이를 통해 자신이 어떤 직무에 더 흥미를 느끼는지 파악한다.

또한 현재 시장에서 인기 있는 직무와 기술을 분석하고, 그 직무가 요구하는 역량과 자격요건을 파악해 커리어 방향을 정해야 한다. 이 단계에서 중요한 것은 직무에 대한 구체적인 이해와 현실적인 목표 설정이다. 단순히 어떤 직무가 인기 있거나 보수가 높다고 해서 선택하는 것이 아니라, 자신이 장기적으로 성취감을 느끼고 성장할 수 있는 분야를 선택해야 한다. 그렇게 커리어 방향이 정해지면, 목표로 하는 직무나 산업에서 어떤 역량이 중요한지 확인하고 이를 바탕으로 역량 개발 계획을 세워야 한다.

청년들이 사회에 첫발을 내딛기 위해서는 '실무 경험'이 필수적이다. 따라서 졸업 전에 가능한 한 많은 인턴십 기회를 활용하고 다양한 직무 경험을 쌓는 것이 중요하다. 인턴십은 특정 직무가 자신에게 맞는지 확인할 수 있는 좋은 기회일 뿐만 아니라, 향후 이력서와 면접에서 자신을 내세울 수 있는 자산이기도 하다. 만약 인턴십 기회를 얻기 어렵다면 학과 프로젝트나 교내외 대외활동으로 유사한 경험을 쌓을 수 있을 것이다.

이와 함께 학습 프로젝트나 자격증 취득, 프리랜서 활동 등을 통해 자신의 실무 역량을 입증할 수 있는 '포트폴리오'를 준비하는 것도 좋은 방법이다. 특히 디지털 마케팅, 데이터 분석, 디자인 등 기술 기반의 직무를 준비할 때는 프로젝트 결과물을 모아 포트폴리오 형태로 정리

해두면 면접에서 자신을 효과적으로 소개할 수 있는 자료가 된다.

직업을 준비하는 과정에서 '네트워킹'은 소중한 자산이다. 의외로 많은 채용이 공고를 통한 지원보다는 네트워크를 통해 이루어지기 때문에, 전문가와의 관계 구축이 매우 중요하다. 대학 동문, 인턴십에서 만난 선배, 업계 행사나 커리어 관련 네트워킹 이벤트에서 쌓은 인맥 등이 모두 직업 준비와 획득의 든든한 조력자다. 이와 함께 링크드인 같은 플랫폼을 통해 전문가에게 도움을 요청하거나 관심 있는 직무 종사자에게 직접 연락해 커리어 상담을 받을 수도 있다.

비슷한 방법으로 '멘토링 프로그램'을 활용할 수 있다. 멘토는 자신의 경험을 바탕으로 경력에 대해 조언해줄 뿐만 아니라, 업계의 인사이트와 경력 경로를 구체적으로 제시해줄 수 있기 때문이다. 멘토는 새로운 직업 세계를 이해하고 경력을 설계하는 데 큰 도움이 된다.

현대사회에서는 디지털 역량이 중요한 경쟁력이다. 데이터 분석, 디지털 마케팅, 소셜 미디어 관리, IT 기술 등 직업을 찾는 사람이라면 모두 기본적인 디지털 역량을 함양하고, 최신 기술 트렌드를 이해해야 한다. 이러한 역량은 대부분의 산업에서 필요하기 때문에, 자신이 원하는 직무와 직접 관련이 없어 보일지라도 다양한 디지털 도구와 기술을 익혀두면 큰 자산이 될 수 있다. 또한 취업 시장의 최신 트렌드를 파악하고, 변화하는 산업환경에 대한 이해도를 높이는 것도 중요하다. 현재 채용 시장에서 어떤 직무와 기술이 인기 있는지, 어떤 역량이 중요한지에 대한 정보를 지속적으로 업데이트하고 이에 맞춰 자신의 기술과 역량을 개발해야 한다.

하지만 무엇보다도 사회에 첫발을 내딛는 청년들이 갖춰야 할 가장 중요한 것은 유연한 마인드셋과 지속적인 학습 자세라고 할 수 있다. 사회초년생으로서 직장 환경과 조직문화에 빠르게 적응하기 위해서는 새로운 것을 배우고, 변화에 유연하게 대처하는 태도가 필요하다. 처음부터 완벽한 직무를 찾기보다는 다양하게 경험함으로써 자신의 경력을 확장하고, 끊임없이 성장할 수 있는 기회를 찾는다고 생각하면 좋다. 실패나 어려움도 성장의 과정으로 받아들이고, 이를 통해 더 나은 방향으로 발전할 수 있는 열린 자세를 유지하는 것이다.

재도약을 꿈꾸는 5060 중장년

경력의 확장·전환을 통해 커리어를 지속하는 40대

통계청 자료에 따르면 한국인의 평균 퇴직 연령은 49.3세라고 한다.[35] 대부분의 사람에게 40대는 경력의 중후반부로, 그동안 쌓아온 경험과 전문성을 바탕으로 경력을 확장하거나 새로운 분야에서 의미 있는 활동을 모색할 수 있는 시기다. 경력을 재평가하고 앞으로의 방향성을 다시 설정해야 하는 때이기도 하다. 새로운 목표를 정하고, 자신이 원하는 커리어 목표에 맞춰 전략을 수립함으로써 이 시기를 보다 성공적으로 보낼 수 있도록 해야 한다.

우선 업스킬링과 리스킬링으로 경쟁력을 강화해야 한다. 온라인 플랫폼이나 사내의 교육 기회를 적극 활용해 기술 역량을 갖추는 것이 한 방법이 될 수 있다. 40대는 디지털 역량 강화에 힘을 써야 하는 시기다. 급변하는 기술 환경에서 도태되지 않기 위해 디지털 도구 사용법, 데이터 분석력, 비즈니스 전략, 협상력 등을 습득하고 스스로도 자신감을 유지해야 한다.

또한 40대는 50대 이후의 생계를 위해 노후를 준비해야 하는 때다. 이 시기에 준비가 탄탄해야 50대 이후의 직업 생활을 더 의미 있는 활동으로 채울 수 있다. 보다 오래 일할 수 있도록 전문성을 확장해 경력을 전환하는 것도 고려해볼 수 있다. 예를 들어 오랫동안 금융업에 종사해 전문성과 네트워크를 갖춘 사람이라면 여기에 벤처 관련 교육과 자격증 등을 더해 스타트업 컨설팅 사업을 시작할 수도 있다.

40대에는 '전문가'로서의 이미지를 구축하고 강화하는 것이 중요하다. 직업을 유지하면서도 강사, 자문가, 강연자 등의 역할을 더해 자신의 지식과 경험을 공유하고, 개인 브랜드를 성장시키는 것도 좋은 방법이다. 업계 내에서 영향력을 높이기 위해 컨퍼런스 발표에 나서거나 전문 지식 출판, 포럼 참여 등의 활동을 할 수도 있다.

정년퇴직 후 두 번째 직업을 준비하는 50대

50대 이후는 기존의 경력을 바탕으로 사회적 가치를 실현하거나, 경력을 전환해 제2의 직업 생활을 준비하는 시기다. 그동안 쌓아온 경력과 전문성을 자산으로 활용해 강의, 자문, 저술활동 등의 수단으로 후배와 사회에 기여할 수 있다. 사회적 기여를 위해 비영리단체에서 활동하거나 멘토링 프로그램에 참여해 후배를 돕는 일도 가능하다. 자신의 경험을 바탕으로 지역사회나 산업에 기여하는 일은 이 시기에 느낄 수 있는 큰 의미다. 제2의 직업 대신 은퇴를 선택한 사람이더라도 그간 자신이 쌓아온 경험을 바탕으로 재능기부, 자문활동 등 새로운 방식으로 사회에 기여할 수 있다.

라이프스타일 기반의 경력 설정도 중요하다. 이 시기의 커리어는 단순히 생계 수단을 넘어 '삶의 만족도'를 높이는 데 중점을 둬야 한다. 예술, 여행, 교육 분야 등 자신의 라이프스타일에 맞는 직무를 탐색해 삶의 질을 높이는 것이 좋다. 그러나 한편으로는 노후 준비가 부족해 계속해서 생계를 위해 일해야 하는 경우도 있을 것이다. 그런 경우라면 더더욱 두 번째 직업이 절실할 것이다. 이런 이들은 현실적으로 자신의 재정상태와 노후 자금 준비 상황을 진단하는 것이 우선이다. 이후 부족한 부분을 보완할 수 있는 목표를 세우고, 재취업이나 창업을 위한 리스킬링과 업스킬링이 이루어져야 한다. 특히 최신 기술 트렌드에 대한 기본적인 이해와 디지털 기술 습득이 필요하다. 그러면 첫 번째 직업과 연관해 제2의 커리어를 연결할 수 있는 가능성도 넓어진다. 예를 들어 교사였던 사람이 디지털 기술을 획득해 온라인 강의 제작자로 활동하거나, 건축설계사였던 사람이 AR·VR 기술을 배워 건축 시뮬레이션 제작사를 차릴 수도 있다.

직업 생활에 의미를 더하는 60대

60대는 대부분의 사람이 은퇴를 고려하거나 이미 은퇴 후 제2의 인생을 시작하는 시기다. 오늘날 많은 이들이 더 오래 일하기를 원하고, 더 의미 있는 활동을 통해 사회적, 개인적 성취를 이루고자 한다. 이 시기의 직업 준비와 커리어 설계는 단순히 경제적 필요를 넘어 삶의 만족도와 개인의 목표 달성을 중시하는 방향으로 이루어져야 한다. 60대에 적합한 직업 준비 솔루션은 기존 경력을 활용하면서도 새로운 경험을 추구할 수 있는 가능성이 핵심이라고 할 수 있다.

60대의 가장 큰 자산은 다년간 쌓아온 경험과 전문성이다. 이러한 자산을 효과적으로 활용해 다른 사람에게 지식과 경험을 나눌 수 있는 직무나 역할을 찾는 것이 중요하다. 강의, 자문, 컨설팅, 멘토링 활동을 통해 자신의 전문성을 다른 사람에게 전수하고, 후배의 성장을 돕는 것도 방법이다. 이런 역할은 개인적으로도 의미 있고 성취감을 얻을 뿐 아니라, 커뮤니티나 업계에 기여하는 기회도 된다. 60대는 '사회적 기여'를 통해 자신의 삶을 더 풍요롭게 만들 수 있는 시기다. 자문가로서 그동안의 경험과 지식을 비영리단체나 공공기관에서 활용하거나, 지역사회에서 봉사활동의 리더로 활동할 수도 있다. 이러한 사회적 환원은 경제적인 보상을 주기도 하지만, 그보다 사회적 연결과 삶의 목적을 강화해줄 것이다.

60대가 직업을 탐색할 때 중요한 것은 개인의 건강 상태와 삶의 균형을 유지하면서 자신에게 의미 있는 활동을 찾는 것이다. 이 시기에는 평생 하고 싶었던 새로운 분야에 도전할 기회가 생긴다. 예를 들어 취미를 직업으로 전환하거나 창작 활동, 예술, 교육 등 새로운 분야에 도전할 수 있다. 또한 유연한 근무 형태의 일자리를 선택해 라이프스타일과의 조화를 이루는 전략도 있다. 시간제 근무를 하거나 보다 자유로운 형태로 할 수 있는 컨설팅, 온라인 강의, 글쓰기 등의 일을 고려할 수 있다.

또한 이 시기에는 창업을 통해 자신이 오랫동안 꿈꿔왔던 사업 아이디어를 실현할 수도 있다. 소규모 비즈니스나 프리랜서 형태로 자신의 전문성을 사업으로 발전시키는 것도 한 방법이다. 이 과정에서 경제적인 수익도 얻을 수 있지만, 무엇보다 창업을 통해 자기주도적이고 창의적인 활동을 이어간다는 만족감이 있다.

한편 어떠한 커리어를 선택하든 60대가 경력을 확장하기 위해서는 '디지털 기술 습득'이 매우 중요하다. 변화하는 기술 환경에 적응하기 위해 온라인 플랫폼 사용법, 소셜 미디어 활용, 웹사이트 관리 등 디지털 역량을 강화해 새로운 기회에 대비할 필요가 있다. 온라인 학습 플랫폼을 통해 최신 기술과 트렌드를 배우고, 이를 기반으로 새로운 비즈니스나 취미활동을 시작할 수도 있다. 동시에 디지털 네트워킹을 통해 새로운 사람과의 연결을 확장하고 다양한 기회를 모색할 수 있다. 온라인 커뮤니티나 업계 포럼 같은 온·오프라인의 네트워킹은 자신이 관심 있는 분야의 사람들과 교류하고, 새로운 인사이트를 얻는 좋은 창구다.

60대는 그저 개별 직업을 선택하는 차원을 넘어 자신이 원하는 삶의 방식과 커리어를 조화롭게 설계하는 데 중점을 둬야 한다. 이 시기에는 건강, 여가, 가족, 사회적 기여 등 라이프스타일 요소를 고려해 직업 활동을 계획해야 한다. 자신이 좋아하는 활동이나 경제적 수익을 목적으로 하지 않는 직업도 고려해볼 수 있다. 중요한 것은 직업이 삶의 일부가 되어 즐거움과 만족을 주도록 하는 것이다.

그러나 이 시기에는 은퇴 이후의 재정적 안정성도 고려해야 한다. 이를 위해 창업이나 소규모 비즈니스를 시작할 때는 재정적인 리스크를 최소화하고, 안전한 투자 계획을 세우는 것이 필요하다. 또한 현재의 재정 상태와 향후 수익을 고려해 현실적인 직업 목표를 설정하고, 은퇴 후에도 지속할 수 있는 일을 선택하는 것이 좋다. 재무상담사나 관련 전문가와의 상담을 통해 재정 관리에 도움을 받을 수도 있다.

60대의 직업 준비는 기존의 경력을 연장하거나 새로운 도전을 함으로써 더 깊이 있는 성취와 의미를 찾는 과정이다. 이 시기의 목표는 자신이 오랫동안 꿈꿔왔던 일을 현실화하고, 이를 통해 삶의 만족도를 높이는 것이다. 궁극적으로 건강과 삶의 균형을 유지하면서, 자신에게 맞는 활동을 찾아 행복한 제2의 인생을 설계하는 것이 가장 중요하다.

FUTURE OF JOB

직업 준비를 위한
기관의 선택과 활용

여전히 대학은 중요한가

대학 교육 트렌드는 어떻게 바뀌고 있을까?

전통적으로 대학과 전공은 취업과 커리어 성공에 있어서 중요한 역할을 했지만, 최근 변화하는 직업 시장에서는 그 의미와 역할이 달라지고 있다. 대학 교육이 여전히 중요한 부분으로 남을 수 있지만, 앞으로는 더 복합적이고 다양한 요소가 직업 선택과 성공에 영향을 미칠 것이다. 직업 및 전공과 관련해 대학의 역할 변화에 대해 다음과 같은 몇 가지 핵심 트렌드를 고려할 필요가 있다.

우선 대학의 역할이 지식 중심에서 '역량 중심'으로 변하고 있다. 과거에 대학은 특정 학문적 지식을 전달하고 그에 맞는 직업을 준비하는 장소였다. 그러나 이제는 대학이 학문적 지식뿐만 아니라 창의성, 문제 해결 능력, 협력적 사고와 같은 역량 개발에 중점을 두는 경향이 늘어나고 있다. 향후에는 대학에서의 전공이 특정 분야의 직업만을 보장하는 것이 아니라, 다양한 직업으로의 '전환성'을 높이는 학습 역량과 자질을 키우는 방향으로 변화할 것이다. 특히 융합 교육, 인문학과 공학의 결합, 데이터 및 디지털 리터러시 등의 교육이 강화될 것으로 예상된다.

두 번째로 기술 발전으로 인해 특정 전공의 중요성이 낮아지고 있다. AI, 머신러닝, 자동화 기술의 발전은 많은 전통적 직업을 대체하거나 축소하고 있으며, 이러한 변화는 특정 전공에 대한 수요를 변화시키고 있다. 향후에는 지속적인 기술 발전의 영향으로 특정 전공의 학문적 지식이 쉽게 진부해질 수 있다. 따라서 대학 전공 자체가 중요하기보다는 새로운 기술을 빠르게 학습하고 적응할 수 있는 능력이 중요해질 것이다. 대학 전공은 기술 습득의 기초적인 역할은 할 수 있을지 모르지만 직업 생활의 전부가 될 수는 없다. 이러한 이유로 평생학습과 재교육은 더욱 중요해질 것이다.

세 번째로 융합 전공과 학제 간 교육의 필요성이 지속적으로 증가하고 있다. 미래가 요구하는 직업은 단일 전공이 아니라 복합적이고 융합적인 역량을 필요로 한다. 엔지니어링에 디자인적 사고가 필요하거나, 데이터 분석과 심리학이 결합된 마케팅이 중요해지는 식이다. 미래의 대학은 단일 전공보다는 융합 전공, 예를 들어 'AI와 비즈니스', '디자인과 컴퓨터공학', '공학과 윤리학' 같은 형태의 교육을 제공할 것이다. 학생들이 자신의 흥미와 적성에 따라 다양한 전공을 조합하고 새로운 방식으로 학습할 수 있는 유연한 교육 시스템이 보편화될 것으로 예상된다.

또한 대학에서 배운 지식보다 실습과 경험 기반 학습의 중요성이 증대되고 있다. 실제로 많은 기업이 실무 경험과 문제 해결 능력을 중시하고 있으며, 이를 평가할 수 있는 대안적인 교육 경로가 증가하고 있다. 대기업뿐만 아니라 스타트업, 혁신 기업도 포트폴리오나 프로젝트 경험, 코딩 테스트 등을 통한 역량 검증을 요구한다. 따라서 미래에는 단순한 학위보다 인턴십, 프로젝트 기반 학습, 교내외 경험이 실제로 얼마나 직무 역량과 직결되는지를 중요하게 평가할 것이다. 대학도 이와 같은 실습 기회를 확대하고, 학생들이 학습 중에 경험을 쌓을 수 있는 다양한 기회를 제공하게 될 것이다.

대학의 중요성이 변화하다

대학의 존재 자체를 위협할 수 있는 대체 학습 플랫폼의 대두도 눈여겨봐야 할 대목이다. 코세라Coursera, 유다시티Udacity, 에드엑스edX 같은 온라인 학습 플랫폼이 급성장하면서, 특정 분야에서는 대학 학위보다 전문 자격증, 온라인 강좌 수료증, 프로젝트 결과물 등이 더 큰 신뢰성을 지니게 될 수 있다. 특히 IT, 데이터 사이언스, UX·UI 디자인 등 빠르게 변화하는 기술 기반 직업에서는 대학 학위보다 업계 표준 인증이나 특정 프로젝트 수행 능력이 더 중요해질 것이다. 이러한 이유로 대학도 전통적인 학위 과정 외에 마이크로 학위[+], 자격증, 인증서, 직무 특화 학습 과정을 강화하는 추세다.

이러한 새로운 트렌드에도 불구하고, 특정 분야에서는 계속해서 대학 학위와 전공이 중요할 것이다. 의사, 변호사, 과학자, 교수 등의 직업은 여전히 관련 전공이 매우 중요하며, 학위가 높은 수준의 전문성을 보장하는 기준으로 평가된다. 향후에도 법학, 의학, 약학, 공학 등 규제가

온라인 학습 플랫폼 '코세라' 홈페이지

출처_Coursera

＋ 주로 짧은 시간 안에 특정 기술이나 전문성을 개발할 수 있도록 설계된 학습 프로그램. 디지털 플랫폼으로 수업이 진행되는 경우가 많으며 실무 중심의 학습을 강조한다.

엄격하고 전문 지식이 요구되는 분야에서는 대학 학위와 전공의 중요성이 지속될 것이다. 따라서 자신이 목표로 하는 직업의 특성에 따라 대학과 전공의 중요성을 다르게 평가해야 한다.

결론적으로 대학과 전공은 여전히 직업을 준비하는 데 중요한 역할을 할 수 있지만, 그 중요성이 미래 직업 환경에서 예전과 같지 않을 수 있다. 직업 시장의 변화 속도가 빨라짐에 따라, 대학에서 받은 학위만으로는 장기적인 커리어를 유지하기 어려워질 것이다. 특히 기술이 급변하는 분야에서는 지속적인 학습이 필수적이다. 향후에는 대학 졸업 후에도 성장을 이어갈 수 있는 학습 습관과 동기가 더욱 중요해질 예정이다. 대학은 더 이상 커리어의 시작점이 아니라, 커리어 중간에도 재교육을 제공할 수 있는 플랫폼으로 변화할 가능성이 크다.

대학에서의 전공은 특정 지식만이 아니라 직무 역량, 문제 해결 능력, 융합적 사고, 평생학습 습관을 형성하는 데 도움을 줄 때 더 큰 가치를 지닌다. 따라서 미래 직업을 준비할 때는 전공과 학위 외에도 실무 경험과 지속적인 학습, 온라인 학습 플랫폼 활용, 융합 역량 개발 등을 함께 고려해야 한다.

부티크 대학

전통적인 대학들과는 다른 형태의 대학이 등장하고 있다. '부티크 대학(Boutique University)'으로 명명되는 새로운 형태의 대학은 특정 분야나 고유한 교육 방식을 중심으로 한 작은 규모의 특화된 고등교육 기관을 의미한다. 이러한 대학은 일반적으로 개인 맞춤형의 고품질 교육 경험을 제공하며, 특정 분야에서 학생들의 요구나 관심사를 충족시키기 위해 설계된 특화 프로그램을 운영한다.

이들 부티크 대학은 전통 대학들에 비해 규모는 작지만 더욱 친밀한 교육 환경을 제공한다. 비즈니스나 예술, 디자인 같은 특정 학문 분야나 직업 분야에 집중해 전문성을 개발하고 있으며, 학생들의 개별적 관심에 특화된 맞춤형 학습 경험과 직업적 지원을 강조한다. 많은 부티크 대학이 학제 간 프로그램을 제공하며 프로젝트 기반 학습, 산업 협력, 경험적 학습과 같은 혁신적인 프로그램과 교수법을 도입 중이다. 무엇보다도 부티크 대학은 특정 산업과의 긴밀한 관계를 통해 실무 경험, 인턴십, 그리고 학생들의 진로 목표에 맞는 네트워킹 기회를 제공하고 있다.

부티크 대학교의 대표적인 사례가 미국의 미네르바 스쿨(Minerva University)이다. 미네르바 스쿨은 학생들이 7개 국가를 순회하며 학업을 이어가는 독특한 커리큘럼을 갖고 있다. 이 외에도 스페인의 IE스쿨(IE University), 스위스의 글리옹 경영대학(Glion Institute of Higher Education) 등이 대표적인 부티크 대학이다.

국내에도 부티크 대학의 하나로 2023년 '태재대학'이 설립되었다. 태재대학은 기존의 대학 시스템과 차별화된 교육 철학과 학습 환경을 제공하는 것을 목표로 하며, 미래 사회가 필요로 하는 창의적이고 문제 해결 능력을 갖춘 인재를 양성하고자 한다. 또한 적은 학생 정원을 유지해 교수와 학생 간의 밀접한 관계를 형성하고, 개개인의 학습 성과와 필요에 맞춘 맞춤형 교육을 제공한다.

만약 자신이 더욱 개인화되고 지원적인 학습 환경, 특화된 프로그램 및 교수진의 전문성, 산업 수요에 맞춘 커리큘럼 또는 특정 진로 목표에 부합하는 학습 과정을 원한다면 부티크 대학을 선택하는 것도 좋은 방법이라고 할 수 있다.

해외 유학의 득과 실

미래 직업 환경의 변화와 글로벌화가 가속화됨에 따라, 국제적인 경험은 직업 경쟁력과 기회를 확장하는 중요한 요소로 평가되고 있다. 그러나 이민, 해외 거주, 유학 등의 경험이 모든 사람에게 필수적인 것은 아니며 개인의 직업 목표와 업계 특성, 선호에 따라 그 필요성은 달라진다. '글로벌 역량'은 특히 글로벌 기업과 IT, 과학 기술, 연구, 예술 등의 분야에서 필수적인 자산이다. 국제 협업이 필요한 경우, 관련한 소통이 모두 외국어로 이루어지는 경우, 해외 무대가 커리어에 중요한 경우 등 이유는 다양하다. 글로벌 경험이 있으면 다양한 문화와 환경 속에서 일할 수 있는 적응력이 생기며 여러 언어를 구사할 수 있는 능력과 글로벌 네트워크라는 이점을 얻을 수 있다. 그런 만큼 해외 경험이 큰 경쟁력이 되는 분야도 있다. 그러나 해외 거주나 이민의 필요성은 개인의 목표에 따라 달라지며, 원격 근무가 가능한 직종이나 현지 특화 직업에서는 필수적이지 않을 수 있다.

유학의 경우 전문 지식이 요구되는 직종(의학, 법학, 과학 연구 등)이나 국제 비즈니스, 예술 및 디자인 분야에서 학문적 경쟁력과 네트워킹을 확보하는 데 도움이 될 수 있다. 그러나 실무 경험과 포트폴리오가 더 중요하게 평가되는 직종에서는 유학이 필수적이지 않다. 국제 경험을 쌓을 수 있는 대안도 있는데, 글로벌 원격 근무나 국내에서의 글로벌 프로그램 참여, 단기 해외연수, 온라인 교육 플랫폼을 통한 학습 등의 경로가 있다.

해외 유학은 여전히 가치 있을까?

중국은 해외 유학파의 가치가 지속적으로 하락하고 있다. 중국의 해외 유학파, 즉 하이구이(海归)는 과거와 달리 더 이상 엘리트로서 독보적인 경쟁력을 갖추지 못하고 있다. 2000년대와 2010년대 초반까지만 해도, 이들은 영어 능력과 글로벌 경험을 기반으로 중국 내 기업과 정부기관에서 좋은 평가를 받으며 쉽게 고소득 직종과 높은 지위를 얻을 수 있었다. 그러나 최근 몇 년간 중국 내 교육수준과 자국 명문 대학의 경쟁력이 향상되고 해외 유학 인구가 폭발적으로 증가하면서 이들의 위상이 달라지고 있다.

현재 매년 60만 명 이상의 중국인이 해외 유학을 떠나고, 그중 대부분이 귀국하면서 공급 과잉이 발생하고 있다. 과거 해외 명문대학 학위는 특별한 경쟁력을 제공했지만, 이제는 중국 내 명문대 졸업자들이 하이구이와 동등한 평가를 받고 있다. 글로벌 기업과 중국 기업들도 단순한 유학 경험보다 실무 경력, 문제 해결 능력, 현지화된 경험을 더 중요시하게 되었다. 하이구이는 해외 학위만으로는 높은 평가를 받기 어려운 상황이 되었으며, 일부 비명문 대학 학위의 가치는 현저히 하락하고 있다.

이러한 변화로 인해 하이구이는 취업 시장에서 현실적인 어려움을 마주하고 있다. 자국 대학 졸업자와의 치열한 경쟁 속에서 기대와 현실의 괴리를 경험하고 있는 것이다. 영어 능력은 더 이상 차별화 요소가 되지 못하고, 실질적인 경력과 특화된 기술이 취업의 핵심 요소로 자리 잡았다. 게다가 중국 내 명문대학 졸업자가 자국에서 더욱 높은 평가를 받는 경우가 많아져 하이구이의 해외 학위는 그 가치를 증명하기에 부족한 실정이다.

한국의 해외 유학파 또한 과거와 달리 더 이상 높은 평가를 받지 못하고 있다. 1990~2000년대까지만 해도 해외 유학파는 글로벌 경험을 갖춘 엘리트로 인식되어 국내 기업과 정부기관에서 선호되었다. 하지만 현재는 해외 유학의 대중화와 국내 교육수준의 향상, 그리고 기업들의 인재 선호 기준 변화로 인해 그들의 경쟁력이 크게 떨어졌다. 우선 해외 유학이 흔해지면서 유학생 수가 크게 늘었고, 국내 명문대 출신이 해외 유학파와 동등하게 평가되거나 오히려 더 높은 평가를 받는 경우도 많아졌다. 세계적인 명문대 출신이 아니라면 학위의 가치는 제한적일 수밖에 없다. 오히려 국내 명문대 졸업자들이 우수한 교육과정을 통해 충분한 경쟁력을 갖추고 있어, 해외 중하위권 대학 학위 소지자와의 경쟁에서 우위를 점하는 경우도 많다.

또한 국내 기업의 채용 기준도 변화하여, 해외 학위나 어학 능력보다 실무 경험과 직무 전문성을 더 중시하고 있다. 해외 유학 후 귀국한 인재들이 높은 기대를 갖고 국내 취업 시장에 뛰어들지만, 경력 공백과 높은 연봉 기대치, 한국 기업문화 적응 문제로 인해 현실적인 어려움을 겪고 있다. 실제로 많은 유학파가 귀국 후 경력을 쌓지 못하고 낮은 급여를 감수하거나 희망 직무와 맞지 않는 직장을 선택한다.

이러한 현실 속에서 해외 유학파가 성공적으로 경력을 쌓기 위해서는 차별화된 전략이 필요하다. 단순히 해외 학위와 어학 능력만을 내세우기보다는, 학위 취득 과정에서 인턴십, 연구 프로젝트, 실무 경험 등을 통해 구체적인 직무 역량을 강화해야 한다. 또한 국내외 기업의 채용 기준에 맞춰 국제 자격증이나 IT 자격증을 추가로 취득해 전문성을 보완하고, 국내 네트워크를 강화하는 것이 중요하다.

해외 유학파가 글로벌 기업이나 외국계 기업에서 더 높은 평가를 받을 가능성도 있지만 국내 기업에서는 한국어 능력, 현지화된 경력, 국내 네트워크 등을 중시하므로 이에 대한 대비가 필요하다. 또한 스타트업이나 창업에 도전해 글로벌 경험을 직접 활용하는 것도 좋은 전략이 될 수 있다.

중국과 한국 모두 해외 유학파가 마주한 현실은 과거와 많이 달라졌으며, 이제는 해외 학위만으로는 경쟁력을 확보하기 어려운 상황이다. 실무 경험, 전문 자격, 국내외 네트워크를 강화해 차별화된 경쟁력을 갖추는 것이 중요하다. 해외 유학을 고려하거나 이미 유학을 다녀온 인재들은 이처럼 변화된 환경을 인지하고, 귀국을 고려할 시 현실적인 경력 관리 전략을 세워야 한다. 명확한 전략이 있어야만 글로벌 경험과 학위를 국내외 취업 시장에서 성공적으로 활용하고 지속적인 경력 성장을 이룰 수 있을 것이다.

직업훈련 및 교육 기관

해외의 직업훈련 기관

해외의 직업교육 기관 및 프로그램은 기술 습득과 직무 역량 강화를 위해 '실무 경험' 위주의 학습 환경을 제공하고 있다. 이들 교육 프로그램은 전통적인 대학교육과 달리 바로 산업 현장에서 적용할 수 있는 실용적 기술을 개발하는 것에 중점을 두며, 특히 IT, 디자인, 공학, 의료, 경영, 예술 등의 분야에서 높은 인기를 끌고 있다. 최근에는 온라인 프로그램과 인증 과정이 활성화되면서 디지털 시대의 수요에 맞춘 학습 환경도 확대되고 있다.

먼저 **미국**을 살펴보자. 미국의 직업교육은 커뮤니티 칼리지, 부트캠프, 전문 직업학교(Trade Schools) 등 다양한 형태가 있다. '커뮤니티 칼리지'는 2년제 교육기관으로 IT, 비즈니스, 디자인 등 다양한 직무 중심의 기술 교육을 제공한다. 예를 들어 산타모니카 칼리지 Santa Monica College 는 미디어 아트 관련 프로그램을 운영하고, 벙커힐 커뮤니티 칼리지 Bunker Hill Community College 는 경영관리, 의료 보조 등의 직업교육을 한다. '부트캠프'는 짧은 기간 내 특정 기술을 집중적으로 학습하는 프로그램으로 주로 코딩, 데이터 분석, UX 디자인 분야에 특화되어 있다. 제너럴 어셈블리 General Assembly, 플래티런 스쿨 Flatiron School, 스프링보드 Springboard 등이 대표적이며, 현업 중심의 교육과 실무 프로젝트를 통해 빠르게 업무에 적용할 수 있는 역량을 가르친다. '전문 직업학교'는 자동차 정비, 요리, 용접 등 특정 직업에 필요한 기술을 교육한다. 기술 중심의 유니버셜 테크니컬 인스티튜트Universal Technical Institute나 세계 3대 요리학교 CIA(Culinary Institute of America) 등이 여기에 해당한다.

영국은 직업훈련 프로그램과 '고등국가자격증(HND, Higher National Diploma)' 제도가 잘 발달되어 있다. 고등국가자격증은 이론과 실무가 결합된 학위 과정으로 비즈니스, IT, 엔지니어링 등 다양한 산업군에서 직무 능력을 개발할 수 있다. Pearson BTEC HND가 대표적이다. 또한 영국에는 '견습 제도(Apprenticeship)'가 있는데, 이는 학습자가 실제 현장에서 일하면서 필요한 기술을 배우고, 급여도 지급받을 수 있는 실습 중심의 교육과정이다. 특히 '국가 견습 서비스(National Apprenticeship Service)'는 영국의 견습 제도 관리와 홍보를 담당하는 조직으로 제조, 금융, IT, 크리에이티브 산업 등 다양한 분야의 견습 프로그램을 제공한다.

독일은 '듀얼 교육 시스템(Dual Education System)'으로 유명하다. 이 시스템은 학생들이 학교에서 이론을 배우는 동시에 기업에서 실무 훈련을 받아 학습과 실습이 결합된 교육이다. 지멘스Siemens, 보쉬Bosch, BMW 등의 대기업이 자체적인 듀얼 교육 프로그램을 운영하며, 직업학교(Berufsschule)에서 학생들이 기업 훈련과 이론을 병행 학습하도록 지원한다. 또한 'IHK 자격증(독일 상공회의소 자격증)'은 국가에서 직업 역량을 공식적으로 인증해주는 자격증으로 비즈니스 관리, 제조, IT, 호텔 경영 등 다양한 분야에서 인정받고 있다.

호주의 '기술 및 직업교육(TAFE, Technical and Further Education)'은 실무 중심의 기술 교육을 제공하는 공립 교육기관이다. 비즈니스, 건축, 간호, IT 등 다양한 직업 자격증과 학위 과정을 운영한다. 그중 TAFE New South Wales는 호주에서 운영되는 가장 큰 직업 및 기술 교육기관으로 130개 이상의 직업교육 프로그램을 제공하고 있다. 호주 빅토리아주 멜버른에 위치한 박스힐 인스티튜트Box Hill Institute도 미디어 아트, 간호 등의 전문 학위를 제공한다. TAFE 프로그램은 졸업 후 바로 직업 시장에 진출할 수 있도록 실무 능력을 배양하는 데 중점을 두고 있다.

이외에도 코세라, 유다시티, 에드엑스 같은 온라인 플랫폼이 직무 중심의 기술 학습과 국제적으로 인정받는 자격증을 제공한다. 예를 들어 유다시티에서 운영하는 '유다시티 나노디그리Udacity Nanodegree'는 AI, 데이터 과학, 자율주행, 클라우드 컴퓨팅 등 최신 기술을 배울 수 있는 직무 중심의 교육 과정을 운영한다. 또한 구글에서 운영하는 구글 커리어 인증(Google Career Certificate)도 있는데 데이터 분석, UX 디자인, IT 지원 분야의 자격증을 제공해 취업 준비를 돕고 있다.

해외 직업훈련 기관과 프로그램은 특정 분야의 실무 경험과 기술을 습득하는 효과적인 방법이다. 학위보다 실질적인 직무 능력과 자격증을 확보함으로써 직업 시장에서 경쟁력을 높일 수 있다. 이런 기관을 활용할 때는 자신의 직무 목표와 학습 스타일에 맞는 프로그램을 선택해 필요한 역량을 효과적으로 개발하는 것이 중요하다. 직업훈련 프로그램을 적절히 활용한다면 글로벌 경쟁력을 갖추고, 빠르게 변화하는 직업 시장에서 지속적인 성장을 도모할 수 있을 것이다.

국내의 직업훈련 기관

최근 한국의 직업교육 시스템 역시 실무 능력과 직업 역량을 개발하는 것을 중시하고 있다. 고등학교 과정부터 전문대학, 산업체 연계 프로그램, 평생교육까지 다양한 형태의 프로그램이 운영 중이다. 특히 디지털 전환에 발맞춰 신기술 교육과 직업 재교육이 강화되고 있으며, 산업체와의 협력을 통해 인재 양성을 지원하고 있다.

한국의 직업교육은 고등학교 단계부터 시작된다. '특성화 고등학교'와 '마이스터 고등학교'는 특정 산업 분야에 특화된 실무 교육을 제공해 학생들이 졸업 후 바로 취업하거나 관련 전문대학으로 진학할 수 있도록 하는 것이 목적이다. 특성화고는 IT, 디자인, 기계, 조리 등 다양한 산업군에 대해 집중적인 교육을 하며 산학협력 프로그램과 산업체 연계를 통해 실습 중심의 교육을 제공한다. 마이스터고는 특정 직업 분야에서 고급 기술 인재를 양성하는 학교다. 로봇, 바이오, 항만물류, 해양 기술 등 분야에 특화된 교육을 통해 산업 현장에 바로 투입될 수 있는 인재를 배출한다.

'특성화 전문대학'은 2년제 혹은 3년제 과정으로, 특정 기술 분야에서 실무 지식과 직업 역량을 키울 수 있는 고등교육 기관이다. 국가직무능력표준(NCS)에 기반해 세분화된 과정을 가르친다. 예를 들어 한국 폴리텍대학교는 전국 34개 캠퍼스를 운영하며 제조업, 전기전자, 정보통신, 바이오 등 다양한 기술 분야의 실무 교육을 제공한다. 하이테크 과정이나 전문기술 과정처럼 특화된 프로그램을 통해 청년 구직자와 재직자의 직업 전환을 지원한다.

이 외에도 정부와 기업이 협력해 산업 수요에 적합한 인재를 양성하는 다양한 프로그램이 있다. 예를 들어 '일학습병행제'는 학생들이 기업에서 현장 직무 훈련(OJT, On the Job Training)을 받고, 학교에서 이론학습을 병행해 학습과 일을 동시에 경험할 수 있는 프로그램이다. 학습자는 임금을 받으며 교육을 들을 수 있고, 기업은 훈련비를 지원받아 인재를 양성할 수 있다. 여기에는 국내 주요 대기업도 참여하고 있다. 다른 프로그램으로 고용노동부와 한국산업인력공단이 운영하는 'K-Move 스쿨'도 있다. 이는 해외 취업을 지원하는 프로그램으로 청년들에게 해외 취업에 필요한 직업훈련, 언어 교육, 문화 적응 교육 등을 제공한다. 미국, 일본, 호주 등의 해외 기업과 인턴십 및 취업을 연계하는 것이 특징이다.

또한 평생교육의 중요성이 강조되면서 경력 전환을 원하는 성인 학습자와 재직자를 위한 다양한 프로그램도 관심을 받고 있다. 'HRD-Net'은 고용노동부가 운영하는 직업훈련 정보망으로 구직자와 재직자를 위한 직업훈련 프로그램을 제공한다. IT, 경영, 행정 등의 교육을 들을 수 있으며, 온라인 수업도 있어 시간과 장소의 제약 없이 학습할 수 있다. 그밖에 '중소기업연수원' 같은 직업교육 센터도 있다. 이곳에서는 기계, 전기전자 등 다양한 직종에서 '일학습병행제'가 활용되고 있다.

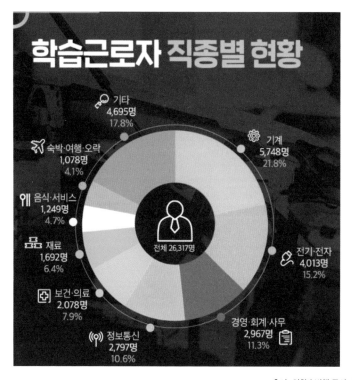

출처_일학습병행 공식 네이버 블로그

중소기업 재직자를 위한 기술 교육, 경영전략, 리더십 개발 프로그램 등을 운영한다.

우리나라에서도 온라인 직업교육 플랫폼이 인기를 끌고 있다. 직무 및 실무 중심의 성인 교육 플랫폼인 '패스트 캠퍼스Fast Campus'가 대표적이다. 디지털 마케팅, 데이터 분석, 프로그래밍 등의 교육 과정이 있으며 현직자 강의를 제공해 최신 트렌드를 반영한 교육을 진행한다. 학습자들은 프로젝트 기반 학습과 기업 맞춤형 교육을 통해 실무에 바로 적용 가능한 역량을 개발할 수 있다.

 패스트 캠퍼스 ————————————————————————
성인 학습자를 위한 실무 중심의 온·오프라인 강의를 제공한다.

미래인재를 위한 기업과 정부의 역할

기업: 조직에 혁신 문화를 심어라

빠르게 변화하는 업무 환경에서 기업의 장기적인 번영에 중요한 열쇠 중 하나는 조직 내 '혁신 문화'를 조성하는 것이다. 혁신을 장려하고 육성하는 문화는 그저 혁신 팀을 구성하고 정책을 수립한다고 되는 것이 아니다. 조직 전체의 모든 수준과 부서에 문화가 스며들어야 한다. 혁신 문화는 본질적으로 지속적인 개선을 지향하고 현재에 안주하려는 태도를 지양한다. 조직이 직원들의 호기심을 중시하고 그들이 질문하고 탐구하며 실험할 수 있도록 장려해야 가능한 일이다. 직원들은 위험과 실패에 대한 두려움 없이 새로운 아이디어를 제시하고, 실패가 진정한 혁신의 과정이라는 점을 인식할 수 있어야 한다.

이러한 문화를 조성하는 것은 최고 경영진에서부터 시작된다. 리더는 변화와 혁신적 사고의 롤모델이 되어야 한다. 리더는 혁신을 위한 시간, 자금, 교육 등의 필요한 자원을 제공함으로써 혁신의 의지를 직원들에게 보여야 한다. 아이디어가 자유롭게 공유되고 평가받는 환경과 개방적인 소통을 보장해줘야 한다는 의미다. 그래서 결국은 모두가 조직의 미래에 대한 지분을 갖고 있다고 느끼게 해야 한다.

혁신 문화를 육성하는 것은 '다양한 인재풀'을 유치하고 유지하는 조직의 능력에 크게 달려 있다. 다양한 배경에서 나온 관점이 혁신의 씨앗이 되기 때문이다. 다양한 관점의 상호작용은 기존 사고방식에 도전하고 새로운 해결책을 찾는 기반이 될 수 있다. 그러려면 우선 직원들이 도전과제를 극복할 수 없는 장애물이 아니라 학습의 기회로 보도록 '성장 마인드'를 장려해야 한다. 조직이 학습 환경을 구축해줘야 한다는 것이다. 기업은 직원들이 최신 기술과 지식을 습득해 산업 동향에 발맞출 수 있도록 학습 및 개발에 투자를 아끼지 말아야 한다. 새로운 기술, 특히 창의성과 협업 능력, 효율성을 증대시키는 디지털 도구의 잠재력을 최대한 활용해야 할 것이다. 예를 들어 데이터 분석은 혁신적인 제품이나 서비스 또는 프로세스를 개발하는 데 귀중한 통찰력을 제공하고, 디지털 협업 도구는 지리적 경계를 넘어 팀워크를 증진하고 아이디어를 공유할 수 있게 한다.

혁신 문화는 '창의성'을 인정하고 보상하는 시스템을 요구한다. 비록 혁신적인 아이디어와 노력이 항상 성공적인 결과를 내는 것은 아니지만, 이를 인정하고 보상하는 것은 지속적인 창의성 흐름을 장려하는 데 중요하다. 칭찬과 인정 같은 내재적 보상과 승진이나 금전적 혜택 같은 보상을 모두 포함해서 말이다.

급속한 기술 발전, 진화하는 산업, 변화하는 직무 요구사항 등 사회는 계속해서 우리에게 적응을 요구한다. 격동하는 시대에 지속적인 학습 문화를 조성하는 것은 기업이 전략적 우위를 선점하기 위한 필수 사항이다. 직장 내 평생학습은 직원들이 현재 직무와 관련된 기술을 개발하고 지식과 역량을 습득할 수 있도록 한다. 조직은 이러한 학습 환경을 구축하는 노력을 일회성 이벤트가 아니라 지속적인 과정으로 인식해야 한다.

그렇다면 어떻게 '평생학습'을 촉진할 수 있을까? 우선할 것은 직원의 필요와 학습 수준에 맞춰 개인화된 학습 경험을 제공하는 유연한 플랫폼을 구현하는 것이다. 학습자의 스타일을 분석하고 적합한 학습 경로를 추천함으로써 학습 과정을 최적화해야 한다. 이러한 학습 플랫폼은 특정 기술을 단편적으로 가르치는 마이크로 학습 모듈부터 심층적인 내용을 제공하는 종합 과정까지 광범위한 학습 자원을 보유하고 있어야 한다. 또한 학습은 직원을 일에서 분리시키는 고립된 활동이 아니라, 일상 업무의 흐름에 통합되는 과정이어야 한다. 직원들이 학습한 내용을 토론하고 업무에 적용해 결과까지 평가할 수 있는 환경을 만드는 것이 중요하다.

급격한 변화가 진행되는 21세기 환경에서 기업이 평생학습을 수용해야 함은 아무리 강조해도 지나치지 않다. 이는 단순히 경쟁력을 유지하기 위한 문제가 아니라 직원들의 역량을 강화하고 장기적으로 비즈니스의 지속 가능성을 확보하기 위한 노력의 일환이다. 기업은 활기찬 학습 문화를 조성해야만 미래 업무 환경의 격랑 속에서 번창할 수 있다.

정부: 미래 일자리를 위한 시스템을 수립하라

첫 번째 산업혁명이 노동권 개념과 공교육 시스템 구축에 이르는 정부 정책의 근본적인 변화를 가져온 것처럼, 현재 진행 중인 4차 산업혁명은 정부에 새로운 전략과 정책을 요구하고 있다. 정부는 미래 일자리를 예측하고 경제 경쟁력을 유지하는 동시에 시민들을 위한 사회적 보호를 보장해야 하는 막중한 과제를 안고 있다. 변화하는 직업 세계에서 정부는 어떤 일을 해야 할까?

먼저 정부는 노동 시장이 끊임없이 '기술 혁신'의 영향을 받을 수 있다는 점을 인식해야 한다. 자동화와 AI는 이미 노동의 역할과 산업구조 자체를 바꾸기 시작했다. 따라서 정부는 기술 적응력, 재교육, 직업 전환, 평생학습을 촉진하는 정책을 지속적으로 고민해야 한다. 예를 들어 기업이 직원에게 지속적인 학습 기회를 제공하도록 지원하는 이니셔티브를 정부 차원에서 시행할 수 있다.

미래의 업무 환경이 달라짐에 따라 '고용'의 개념도 크게 변화할 것으로 예상된다. 9시부터 6시까지 직장에서 일하는 전통적인 근무 방식은 긱 이코노미와 원격 근무로 점점 대체되고 있고, 다양한 형태의 프리랜서도 증가 중이다. 이에 따라 기존의 노동법과 사회보호 시스템에 대한 재고가 필요하다. 새로운 고용 형태가 적절한 보호와 혜택을 받을 수 있도록 보장해야 한다. 여기에는 새로운 유형의 고용 계약이나 기존 고용 관계와 분리된 안전망을 구축하는 방안 등이 포함될 수 있다.

또한 원격 근무와 디지털 노마드의 급증으로 업무의 지리적 경계가 모호해지면서, 조세 및 사회보장 시스템에 새로운 도전이 제기되고 있다. 정부는 이러한 변화에 대응하는 정책을 개발해 원격 근무자를 위한 공정한 세금 시스템을 만들고, 사회보장 혜택이 국제적으로 인정받을 수 있도록 해야 한다. 동시에 급속한 디지털 전환으로 인해 심화되는 경제적 불평등은 정부로 하여금 사회 정책을 재정의할 것을 요구한다. 여기에는 디지털 격차를 해소하는 인프라를 개발하는 것, 모든 개인이 변화하는 고용 시장에 대비할 수 있도록 교육에 투자하는 것, 사회 전체에 혜택을 주는 포용적 성장을 촉진하는 것 등이 포함된다.

마지막으로 정부는 일과 직업의 변화가 많은 도전과제를 제시하는 한편 기회도 제공한다는 점에 유의할 필요가 있다. 기술 발전은 생산성 향상과 함께 우리가 아직 상상하지 못하는 새로운 일자리를 가져올 수 있다. 따라서 정부는 기업가정신을 장려하는 환경을 적극적으로 조성하고, 새로운 분야의 일자리 창출을 촉진해야 한다. 일의 미래를 형성하는 데 있어서 정부의 역할은 결코 과소평가할 수 없다. 정부는 혁신적이고 미래지향적인 정책을 수립함으로써 미래의 일과 관련된 위험을 완화하고, 그 잠재적 혜택을 극대화할 수 있어야 한다.

미래는
역동적인 세계다

미래를 정확히 예측하는 것은 불가능에 가깝지만, 역설적이게도 한 가지 확실한 것은 미래가 점점 더 불확실해지고 있다는 것이다. 불확실한 환경에서의 성공은 바로 그 불확실성을 수용하며 지속적으로 학습하고 적응력과 성장 마인드를 기르는 데 달려 있다. 불확실성을 받아들이는 것은 불편하고 어려운 일일 것이다. 하지만 앞으로 우리는 익숙하고 예측 가능한 것에 집착하기보다 생소하고 낯선 것에 더 주의를 기울일 필요가 있다.

불확실한 시대를 헤쳐 나가기 위해서는 위험을 감수할 줄 알며, 유연히 방향을 전환하고, 가능한 범위의 실패를 수용하는 '용기'가 필요하다. 결국 지속적으로 자신을 재창조할 수 있는 창의력이 요구된다는 의미다. 새로운 트렌드를 알고 변화에 유연히 대응하는 인재가 미래에 살아남는다. 이것은 단순히 미래의 일과 직업 세계에만 국한되는 이야기는 아니다. 자신이 원하는 미래를 스스로 창조하고 불확실성을 혁신의 동력으로 바꾸기 위함이다.

빠르게 진화하는 일과 직업 환경은 우리로 하여금 경직된 경로를 벗어나 더 유연하고 비선형적인 궤도로 전환하기를 요구한다. '유연성'은 다양한 분야의 기술과 지식을 교차시켜 새로운 기회를 창출하는 힘이다. 미래는 유연한 사람에게 기회를 제공한다. 폭 넓게 기술을 이해하고 다양한 아이디어를 종합할 줄 아는 사람, 새로운 방식으로 점을 연결하는 사람, 평생학습을 추구하는 사람, 결국 끊임없이 변화하는 세계에 반응해 자신을 재창조할 수 있는 사람이 미래 직업 세계에서 성공을 차지할 것이다.

그러나 기억해야 할 사실은 미래의 성공은 혼자만의 노력으로 이루어지지 않는다는 점이다. 앞으로의 일은 더 협력적이고 네트워크화되는 만큼, 지리와 문화의 경계를 넘어 효과적으로 협력할 수 있는 능력이 중요해지고 있다. 유연성에 더해 공감과 이해, 집단지성을 활용하는 능력을 갖춰야 하는 이유다.

동시에 기업과 정부도 미래의 직업 세계를 조성하는 데 중요한 역할을 해야 한다. 미래가 요구하는 교육 및 훈련 프로그램에서부터 지속적인 학습을 지원하는 인프라 투자, 혁신을 장려하는 동시에 근로자를 보호하는 정책까지. 인재를 위한 환경은 이들이 만든다. 결국 발전적인 미래는 개인의 포부, 조직의 목표, 사회적 요구가 조화로울 때 가능하다.

미래는 정해진 것이 아니라 우리가 끊임없이 만들어가는 역동적인 세계다. 우리의 선택과 결정, 우리가 취하는 모든 행동이 미래를 창조한다. 미래는 예측하는 것이 아니라 교류하고, 질문하고, 상상하며, 창조하는 것이다. 미래의 일과 직업이란 여전히 미지의 영역이지만, 우리는 이를 주도하는 힘과 예상되는 변화를 이해함으로써 내일을 더 잘 준비할 수 있다. 이 책의 독자들이 불확실성에 담대한 걸음을 내딛고 도전을 기회로 바꾸기를, 그래서 자신이 가진 무한한 잠재력을 발휘할 수 있기를 기대한다.

참고문헌

1 〈OECD Employment Outlook 2023〉, OECD, 2023.07.11.

2 "Goldman Sachs Predicts 300 Million Jobs Will Be Lost Or Degraded By Artificial Intelligence", Forbes, 2023.03.31.

3 "GPT-4 Scores in Top 10% for Legal Bar Exam", next BIG FUTURE, 2023.03.14.

4 〈World report on ageing and health〉, WHO.

5 통계청 장래인구추계(2022~2027)

6 Carl Benedikt Frey and Michael A. Osborne,〈The Future of Employment〉, Oxford Martin School, 2013.09.17.

7 "Global warming set to cost the world economy £1.5 trillion by 2030 as it becomes too hot to work", INDEPENDENT, 2016.07.19.

8 "Copernicus: 2023 is the hottest year on record, with global temperatures close to the 1.5℃ limit", ECMWF, 2024.01.09.

9 〈Climate change risk assessment 2021〉, Chatham House.

10 〈Disaster and gender statistics〉, IUCN.

11 "Excess mortality related to the August 2003 heat wave in France", SPRINGER NATURE, 2006.03.08.

12 〈Climate change risk assessment, 2021〉, Chatham House.

13 "10년간 해외 유출 이공계 인재 34만 명(두뇌유출 심각) 이공계박사 4명 중 1명 해외취업 선호", 대한뉴스, 2022.10.24.

14 〈The Case for Disruptive Technology in the Legal Profession〉,Deloitte, 2017.

15 "Is AI generation the next platform shift?", Bessemer Venture Partners, 2022.07.07.

16 "현대차 보스턴다이내믹스 인간형 대신 4족 로봇 집중, 테슬라 애플과 차별화", 비즈니스 포스트, 2024.08.27.

17 "SpaceX Reveals 3D-Printed Rocket Engine Parts", DesignNews, 2014.08.19.

18 "살아 있는 세포로 신체 장기까지 3D바이오프린터의 진화", 주간조선, 2016.06.10.

19 "Greenland ice sheet climate disequilibrium and committed sea-level rise", Nature Climate Change, 2022.08.29.

20 "아디다스 오리지널스, 해양환경보호단체 팔리와 협업 컬렉션", Fashion n, 2022.05.10.

21 "'원한다면 언제까지든' 트위터, '영구 재택근무제' 도입", 한겨레, 2020.05.13.

22 "유럽의 새로운 데이터 보호법에 대비하며", Google 한국 블로그, 2018.05.13.

23 "커뮤니티 규정 내부 가이드라인 공개 및 이의 제기 절차 확대", Meta, 2018.04.24.

24 "관객과 예술가들의 합주, 가상으로 이어진 공연", Cuz, 2021.06.11.

25 "LA필하모닉, 가상현실(VR)로 오케스트라 선보인다", 전자신문, 2015.09.09.

26 "2024 런던 디자인 페스티벌(LDF) 하이라이트", design db, 2024.10.06.

27 "로블록스, 아이돌 그룹 'NCT 127 버추얼 콘서트' 개최", 어패럴뉴스, 2023.01.18.

28 "운동선수 Yes·공무원 No! 초중고 희망직업 살펴보니…", 문화일보, 2023.11.26.

29 "'한국형 의료 빅데이터'로 심장마비 예측", 의협신문, 2015.10.01.

30 "강남세브란스병원, 유전체 분석 정밀의료센터 운영 시작", MEDICAL Observer, 2020.10.08.

31 "픽사가 30년 동안 창의성을 유지해온 비밀 『창의성을 지휘하라』", flex, 2021.05.12.

32 〈The Future of Jobs 2016〉, World Economic Forum, 2016.01.01.

33 "Upskilling 2025", Amazon, 2020.10.03.

34 Walmart 홈페이지, 'Live Better U' 소개란.

35 "[40대, 두번째 스무살] ①한국인 평균 퇴직 연령 49.3세… '은퇴 준비는 40대부터'", 조선비즈, 2023.12.05.

직업의 미래

초판 1쇄 인쇄 2025년 2월 10일
초판 1쇄 발행 2025년 2월 15일

지은이 | 서용석

발행인 | 유영준
편집팀 | 한주희, 권민지, 임찬규
마케팅 | 이운섭
디자인 | 김윤남
인쇄 | 두성P&L
발행처 | 와이즈맵
출판신고 | 제2017-000130호(2017년 1월 11일)

주소 | 서울시 강남구 봉은사로16길 14, 나우빌딩 4층 쉐어원오피스(우편번호 06124)
전화 | (02)554-2948
팩스 | (02)554-2949
홈페이지 | www.wisemap.co.kr